N° 312. — Théâtre : n° 175.

La Petite Illustration

Revue hebdomadaire
publiant les pièces nouvelles jouées dans les théâtres de Paris, des romans inédits et des critiques littéraires et dramatiques.

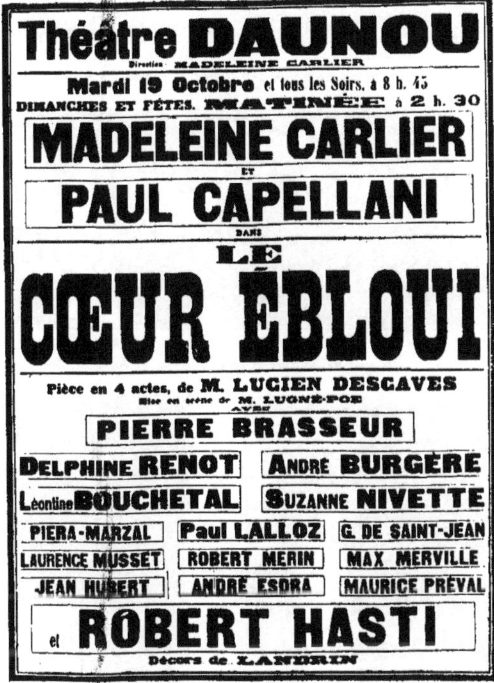

Aucun numéro de La Petite Illustration *ne doit être vendu sans le numéro de* L'Illustration *portant la même date.*

ABONNEMENT ANNUEL

L'Illustration et *La Petite Illustration* réunies : France et Colonies, 150 francs.
[...]ger, tarifs énoncés en monnaies nationales ou usuelles et basés sur l'affranchissement variant suivant les pays destinataires : consulter la page 2 de la couverture de *L'Illustration.*

13, RUE SAINT-GEORGES, PARIS (9e)

Abel Morin. Mme Morin. Géodésias. Madeleine. Valory.

Madeleine : « *Monsieur Morin est encore un peu timide... dépaysé...* » Acte premier, Scène xii, page 8.

Irma. Abel Morin. René Arnal. Madeleine. Karoline.

Madeleine : « *...Je suis très touchée de cette attention...* » Acte II, Scène xiii, page 15.

Abel. Madeleine.

Abel : « *Vous êtes pour moi toutes les femmes en une.* » Acte II, Scène xiv, page 18.

Madeleine. Valory.

Madeleine : « *Vous ne trouvez pas que nous serions mieux ici... auprès l'un de l'autre...* » Acte II, Scène xv, page 18.

Photographies Gilbert-René.

LUCIEN DESCAVES

LE CŒUR ÉBLOUI

PIÈCE EN QUATRE ACTES

À MADELEINE CARLIER,
QUI ACCUEILLIT CETTE PIÈCE ET FIT SENTIR, EN L'INTERPRÉTANT, SON POUVOIR D'ÉBLOUIR À LA FOIS LES YEUX ET LE CŒUR.
SON RECONNAISSANT,
LUCIEN DESCAVES.

Le Cœur ébloui *a été représenté pour la première fois, le 19 octobre 1926, au théâtre Daunou. (Direction Madeleine Carlier.)*

La pièce appartient en privilège, pour la France, à Mlle Madeleine Carlier. S'adresser à M. G. Crémieux, impresario, 54, rue Saint-Lazare, Paris.

PERSONNAGES

Géodésias, professeur libre, 50 ans . . . . MM. Robert Hasti.
Docteur Valory, 40 ans . . . . Paul Capellani.
René Arnal, 19 ans . . . . Pierre Brasseur.
Abel Morin . . . . André Burcère.
Lardin . . . . Paul Lalloz.
Boquet . . . . G. de Saint-Jean.
Giroux . . . . (de 18 à 20 ans) Fiéra-Marzal.
Durieu . . . . André Esdra.
Videloq . . . . Robert Mérin.
Ricard . . . . Max Merville.
Le Pasteur . . . . Pierre Antoine.
Un Jardinier . . . . Maurice Préval.

Madeleine, 30 ans . . . . Mmes Madeleine Carlier.
Madame Morin, 4[illegible] ans . . . . Léontine Bouchetal.
Aurélie, 60 ans . . . . Delphine Renot.
Karoline, 20 ans . . . . Suzanne Nivette.
Irma, 25 ans . . . . Laurence Musset.

L'action est à Paris, en 1913 et 1914, avenue de l'Observatoire.

LE CŒUR ÉBLOUI

ACTE PREMIER

Un salon modeste de pension de famille au rez-de-chaussée. Meubles démodés recouverts de reps grenat. Piano sur lequel s'alignent des photographies dans leurs cadres à chevalet. Cheminée surmontée d'une pendule Empire. Porte, côté gauche, donnant sur un petit salon d'attente ; autre porte de dégagement, côté droit. La baie vitrée qui ferme le décor au fond laisse apercevoir le jardin planté de marronniers qui se défeuillent à l'automne, et le dôme de l'Observatoire.

Au lever du rideau, Karoline, 20 ans, blonde, fraiche et massive, achève le ménage et intrigue fort deux jeunes gens qui la regardent du dehors. Ils finissent par entrer et tournent autour d'elle.

Scène première

KAROLINE, BOQUET, LARDIN

BOQUET. — Je voudrais bien savoir quelle est cette petite bonne.

LARDIN. — Si c'est une Allemande et comment elle se donne!

BOQUET, à Karoline, en mauvais allemand. — Vous êtes nouvelle dans la maison?

KAROLINE. — *Ia, ia...*

LARDIN. — Comment t'appelles-tu, ma jolie?

BOQUET. — Demande-lui ça en allemand ; tu vois bien qu'elle ne comprend pas.

Il répète la question.

KAROLINE. — Karoline.

LARDIN. — Karoline! Avec un K, naturellement? (Elle fait un signe de tête affirmatif.) Avec un K, mon vieux Boquet!

BOQUET. — La pension Cléringer ne se refuse rien. On ne va pas s'embêter cet hiver.

LARDIN. — Penses-tu qu'on l'enverra se promener au Luxembourg avec toi!

Scène II

LES MÊMES,
AURÉLIE, suivie de RICARD et GIROUX

RICARD. — Aurélie!...

GIROUX. — Maman Miroton...

AURÉLIE. — Laissez-moi tranquille... (Elle aperçoit les deux autres qui lutinent Karoline.) Ah çà! qu'est-ce que vous faites ici avec la nouvelle bonne? Voulez-vous filer, et plus vite que ça, mauvais sujets! Si Mademoiselle vous voyait...

Karoline sort.

RICARD. — Nous nous en irons... quand vous nous aurez dit ce que vous ne voulez pas nous dire.

GIROUX. — Oui.

AURÉLIE. — Ça ne vous regarde pas.

RICARD. — Vous savez quelque chose, vous venez de l'avouer. Elle sait quelque chose!

BOQUET. — Voyons, maman Miroton, d'anciens pensionnaires comme nous, vous pouvez avoir confiance.

LARDIN. — On vous promet de ne rien répéter aux autres, aux nouveaux.

AURÉLIE. — Je vous dis que je ne sais rien.

RICARD. — C'est Mlle Cléringer qui est malade?

AURÉLIE. — Mademoiselle n'est pas malade.

GIROUX. — Alors, pourquoi a-t-on appelé le médecin au milieu de la nuit?

RICARD. — En même temps qu'on envoyait chercher la nièce de Mlle Cléringer? Ah!

GIROUX. — Vous voyez que nous sommes déjà renseignés.

AURÉLIE. — Alors, ne me demandez rien... et faites-moi le plaisir de retourner voir dans vos chambres si j'y suis. Ouste!

Scène III

AURELIE, BOQUET, LARDIN, RICARD, GIROUX, RENE, ARNAL

BOQUET. — Ah! tu arrives bien, Arnal.

RENÉ. — Pourquoi?

RICARD. — Aide-nous à violer ce tombeau des secrets, maman Miroton, ici présente.

LARDIN. — Tu étais son chouchou.

GIROUX. — Elle t'ouvrira son cœur.

RICARD. — Que s'est-il passé, la nuit dernière, dans l'honnête pension de famille sise avenue de l'Observatoire et tenue par gente damoiselle Sidonie Cléringer, dite « Petit-Beurre »?

AURÉLIE. — Voulez-vous parler plus bas, méchant garnement!

RICARD, baissant le ton. — Que s'est-il passé dans l'honnête pension de famille...

AURÉLIE. — Mais rien du tout, monsieur René... Vous ne voyez donc pas qu'ils se moquent de vous?

GIROUX. — Arnal, crois-nous : un mystère est céans.

RICARD. — Un angoissant mystère.

AURÉLIE. — Ah! vous n'avez pas changé pendant les vacances!

RENÉ, aux autres. — Laissez-moi seul avec elle un moment. A moi, elle dira tout.

BOQUET. — Viens nous retrouver dans le jardin.

RENÉ. — Entendu!

Il allume une cigarette. Ses camarades sortent.

Scène IV

RENE, AURELIE

AURÉLIE. — Voilà maintenant que vous fumez ici! Voulez-vous jeter votre cigarette!

RENÉ. — Oui, mais alors, maman Miroton, faisons un échange!

Il lui chipe un petit-beurre dans sa boîte.

AURÉLIE. — Vous avez revu Paris avec plaisir, monsieur René?

RENÉ. — Oui. Et c'est un plaisir que mon père partage. Il rendra visite à Mlle Cléringer dans la matinée.

AURÉLIE. — Ah?

RENÉ. — Elle attend beaucoup de pensionnaires pour la rentrée, Mademoiselle?

AURÉLIE. — Une vingtaine, je pense.

RENÉ. — Beaucoup de nouveaux?

AURÉLIE. — Une dizaine aujourd'hui... et encore trois ou quatre à la fin de la semaine.

RENÉ. — Où avez-vous passé vos vacances, Mademoiselle et vous?

AURÉLIE. — En Normandie, le pays de Mademoiselle, comme tous les ans. Nous étions de retour samedi dernier pour mettre un peu d'ordre dans la maison et recevoir une petite bonne que Mademoiselle a fait venir de Francfort-sur-la-Main.

RENÉ. — Le-Mein.

AURÉLIE. — Le-Mein, la-Main... c'est tout de même une Allemande... quoiqu'elle s'appelle Caroline.

RENÉ. — On l'appelle Caroline... et vous ne le disiez pas! Appelons-la!

Il va ouvrir le piano et tape dessus l'air de : *Viens, Poupoule!*

AURÉLIE. — Voulez-vous vous taire! (Elle va fermer le piano.) Vous n'êtes pas fou? Vous serez bien avancé quand vous m'aurez fait attraper par la nièce de Mademoiselle.

RENÉ. — Elle est ici?

AURÉLIE — Oui.

RENÉ. — Depuis quand?

AURÉLIE. — Depuis cette nuit. Hier soir, Mademoiselle est montée se coucher comme d'habitude. Elle avait bien dîné. Elle ne se plaignait de nulle part. Elle était même gaie. Elle comptait sur une bonne rentrée, vingt-cinq pensionnaires au moins... Et puis voilà que, vers onze heures, elle a eu une attaque... tout un côté paralysé subitement... et la langue embarrassée... Alors, j'ai fait chercher le médecin de la famille, le docteur Valory, et Mme Hazelaire, qui demeure au diable-aux-Ternes... Ils sont accourus, comme de juste. Le docteur est resté là-haut une partie de la nuit. Il doit revenir ce matin. Mme Hazelaire est parfaite. Il n'y a pas à dire! Elle est parfaite! Elle n'a pas quitté sa tante.

RENÉ. — Et nous... les pensionnaires... dans tout ça?

AURÉLIE. — Mme Madeleine... je veux dire Mme Hazelaire... attend le docteur pour prendre une résolution. Si l'indisposition de Mademoiselle est passagère, M. Géodésias, votre répétiteur, qui reprend son service aujourd'hui, fera la rentrée comme si rien n'était. Voilà pourquoi on m'a bien recommandé de ne pas ébruiter l'accident de Mademoiselle. Comprenez-vous?

RENÉ. — Ah!... bien. Vous m'en direz tant!

AURÉLIE. — Vous me promettez de garder le silence?

RENÉ. — Je vous le promets... Mais quand mon père va venir tout à l'heure, qu'est-ce que je lui dirai?

AURÉLIE. — D'ici là tout sera réglé. On me réclame là-haut... Pas un mot!

Elle sort.

Scène V

RENE, RICARD, GIROUX, LARDIN

RICARD. — Eh bien?

GIROUX. — Elle est entrée dans la voie des aveux?

RENÉ. — Oui. Vous ne vous étiez pas trompés... Petit-Beurre est un peu souffrante... Rien de grave... Et c'est heureux pour nous!

RICARD. — Pourquoi?

RENÉ. — Pourquoi? Parce qu'elle continuera à justifier son sobriquet en nous faisant donner invariablement pour dessert, le soir, un « petit-beurre ». Ecoute, je préfère encore passer ma seconde année de Sciences Po..., ici, dans une pension pépère...

RICARD. — Pépère... de famille...

RENÉ. — Plutôt que dans un autre Fourneau économique.

GIROUX. — Il a raison. C'est ce qui nous pendrait au nez si la pension Cléringer ne rouvrait pas.

RENÉ. — Il est indispensable pour nous qu'elle rouvre.

RICARD. — C'est vrai. Ici, on sait à quoi s'en tenir. Ailleurs, c'est le lycée et tout ce qui s'ensuit!

GIROUX. — Merci! On sort d'en prendre!

RENÉ. — N'est-ce pas? Mieux vaut Petit-Beurre...

RICARD. — Maman Miroton...

GIROUX. — Et le père Géodésias.

LARDIN. — A propos du père Géodésias, si vous saviez ce que j'ai appris sur lui pendant les vacances.

RENÉ. — Quoi? Dis-nous ça. Il a pris un bain?

RICARD. — Il s'est fait couper les cheveux?

GIROUX. — Il ne se balade plus avec un morceau de pain dans sa poche, la croûte pour lui, la mie pour les oiseaux?

LARDIN. — Attendez donc! Figurez-vous que j'ai découvert à Bordeaux, en bouquinant, cette brochure : *Sois ton sauveur ! par Spartacus. Deux francs chez l'auteur, rue des Plantes, à Paris.*

GIROUX. — Eh bien?

LARDIN. — Un ange... une main inconnue avait glissé dans le livre des coupures de journaux. Elles relataient les poursuites exercées contre Spartacus, dont le véritable nom était Géodésias.

RENÉ. — Notre Géodésias?

LARDIN. — Lui-même!

RICARD. — Tu en es bien sûr?

LARDIN. — Tu parles!... Brillant normalien... né en 1863, il n'y a pas d'erreur. Nous sommes en 1913, il a donc aujourd'hui la jolie somme de cinquante ans, pas un sou de plus.

RICARD. — Et c'est explosif, sa... machine?

LARDIN. — Son pamphlet social? Maintenant non, mais en 1890 on le trouva subversif et il fit condamner bel et bien son auteur à un mois de prison et mille francs d'amende.

GIROUX. — Tu n'en as rien dit chez toi?

LARDIN. — Non, mais... me prends-tu pour un autre? Je garde ça précieusement. Si jamais le vieux manifestait des velléités de nous serrer la vis... il trouverait à qui parler.

RICARD. — Lardin a raison : le cas échéant, *Sois ton sauveur* peut être le nôtre. A conserver.

GIROUX. — Arnal, tu es venu seul de Bergerac?

RENÉ. — Non. Le patron m'a accompagné... pour cause.

RICARD. — Vous avez couché à l'hôtel, ton père et toi?

RENÉ. — Penses-tu! Le patron m'a tout de suite mis à son aise en m'expédiant ici. Il était encore plus pressé que d'habitude de se débarrasser de moi. Il avait des ailes... des ailes de pigeon. Ce que le voyage peut transformer un homme, c'est curieux! Papa rajeunissait à tire-d'aile. En quittant Bergerac, hier matin, il avait exactement quarante-quatre ans ; il n'en avait plus que quarante à Bordeaux, trente-cinq à Angoulême, trente à Poitiers et vingt-huit le soir, en arrivant à Paris, frais et dispos.

GIROUX. — C'est chic, un père comme ça!

RENÉ. — Oui. Il me fait honneur.

Scène VI

LES MÊMES, AURELIE

AURÉLIE. — Comment, vous êtes encore là? C'est trop fort! Monsieur René, nous allons nous fâcher. Le salon de Mademoiselle n'est pas un parloir, allez-vous-en!

RICARD. — Où ça?

AURÉLIE. — Dans le jardin... dans votre pavillon... où vous voudrez, pourvu que vous disparaissiez d'ici.

RENÉ. — Maman Miroton... vous devenez agressive... Prenez garde... vous me faites beaucoup de peine... Je vais jouer à chat perché avec Karoline.

AURÉLIE. — Que je vous y prenne!...

Ils sortent.

Scène VII

AURELIE, LE DOCTEUR VALORY

VALORY. — Eh bien, Aurélie, comment Mademoiselle a-t-elle passé la nuit?

AURÉLIE. — Assez bien, monsieur le docteur. Elle repose. Mme Madeleine est auprès d'elle. C'est grave?

VALORY. — A son âge... soixante-trois ans, l'hémiplégie est un avertissement toujours grave... mais elle peut s'en remettre... avec des soins... de la patience. Allons la voir.

AURÉLIE. — Vous n'aimez pas mieux, puisqu'elle dort, que Mme Madeleine descende? Elle m'a dit de l'avertir quand vous arriveriez.

VALORY. — Soit. Allez la prévenir.

AURÉLIE. — Ah! voici monsieur Géodésias!... Il va vous tenir compagnie un instant. Lui aussi, madame désire le voir.

VALORY. — Il est toujours aussi sale?

AURÉLIE. — Il est un peu négligé dans sa tenue; mais c'est un si honnête homme!

VALORY. — Un honnête homme couvert de taches.

AURÉLIE. — C'est vrai qu'on aurait plus tôt fait d'en mettre où il n'y en a pas que de les enlever où elles sont.

Scène VIII

GEODESIAS, VALORY

GÉODÉSIAS. — Bonjour, docteur.

VALORY. — Bonjour, monsieur Géodésias. Vous connaissez la triste nouvelle?

GÉODÉSIAS. — Oui. Le concierge vient de me dire... Je suis atterré. Cette attaque soudaine... la veille même de la réouverture de la pension et des écoles... c'est un désastre!

VALORY. — Un désastre, positivement. (Offrant des cigarettes.) Vous fumez?

GÉODÉSIAS. — La pipe seulement... entre les repas.

VALORY. — Je pense bien.

GÉODÉSIAS. — Personne pour remplacer Mlle Cléringer.

VALORY. — Si. Vous.

GÉODÉSIAS. — Non. La surveillance des études, quelques répétitions... enfin ce que je fais ici depuis trois ans... je ne dis pas... Mais la direction de la pension... non, véritablement, je n'ai rien d'un marchand de soupe. J'échange celle qu'on me donne contre un peu de mathématiques et de langues étrangères; c'est tout ce que j'ai sur moi.

VALORY. — Oh! tout... enfin, c'est regrettable.

GÉODÉSIAS. — A qui le dites-vous, docteur! Quand je songe à toutes les professions inutiles que j'ai exercées depuis trente ans, je me demande pourquoi je n'ai pas fait aussi l'apprentissage de gérant d'hôtel... Mais si, mais si...

VALORY. — Il n'est pas trop tard.

GÉODÉSIAS. — Je n'ai plus le feu sacré.

VALORY. — L'avez-vous eu pour quelque chose, monsieur Géodésias?

GÉODÉSIAS. — Si je l'ai eu! Ma vie est une longue suite de vocations contrariées!

VALORY. — Par qui?

GÉODÉSIAS. — Par moi-même. C'était plus fort que moi. Mais si, mais si... Dès que j'étais affermi dans une fonction, un emploi, j'éprouvais l'irrésistible besoin d'en changer!

VALORY. — Enfin, vous n'avez rien du lierre qui s'attache aux vieux murs.

GÉODÉSIAS. — Non. Je suis entré le troisième à l'Ecole normale; j'ai été professeur de collège, secrétaire-général de préfecture, sous-préfet, journaliste, chef de cabinet... enfin, presque ministre... ministre même, étant donné l'ignorance universelle qui avait fait attribuer au mien le portefeuille de l'Instruction publique... Et me voilà maintenant professeur libre à la pension Cléringer, qui facilite aux jeunes gens de province frais émoulus du collège leur préparation aux grandes écoles!

VALORY. — Pourquoi, sur vos cartes de visite, votre nom est-il suivi de ce mot : *démissionnaire* ?

GÉODÉSIAS. — Oh! j'ai d'autres cartes qui portent: Professeur de mathématiques et *d'un peu d'espagnol*.

VALORY. — Bien... mais de quoi êtes-vous démissionnaire?

GÉODÉSIAS. — De tout. Se démettre, — ou se soumettre; il n'y a pas de milieu. J'ai donc démissionné de tout, sauf de la vie, qui vaut la peine d'être vécue, quand on ne la complique pas par la famille, l'ambition, les honneurs, la fortune, les plaisirs et l'amour!

VALORY. — Diable! C'est qu'il reste après ça peu de chose.

GÉODÉSIAS. — On croit ça... Pratiquez mes restrictions et vous m'en direz des nouvelles.

VALORY. — Somme toute, vous vous plaisez ici?

GÉODÉSIAS. — Pour le moment, oui. J'y suis très heureux au milieu de tous ces grands enfants, un peu les miens... et qui deviennent tout à fait des fils lorsqu'ils s'éloignent de moi avec ingratitude.

VALORY. — Oh!

GÉODÉSIAS. — Mais si, mais si... Enfin, la question présentement est de savoir ce que va devenir la pension...

VALORY. — Mme Hazelaire va nous le dire.

Scène IX

LES MÊMES, MADELEINE

MADELEINE. — Bonjour, docteur... Ah! vous êtes là, monsieur Géodésias. Vous avez bien fait de venir de bonne heure. Vous savez le malheur qui nous arrive... et à quel moment!

GÉODÉSIAS. — Oui, le docteur Valory m'a dit brièvement...

MADELEINE. — Asseyez-vous, je vous prie, et causons. J'ai besoin de vos conseils et de votre aide à tous les deux.

VALORY. — S'il est en mon pouvoir de vous ôter d'embarras...

GÉODÉSIAS. — Et si, de mon côté, je peux vous être utile...

MADELEINE. — Je vous remercie. Vous pensez bien que je n'ai pas fermé l'œil de la nuit. J'ai envisagé l'alternative qui m'est laissée.

VALORY. — Ah! Voyons...

MADELEINE. — De deux choses l'une : ou bien fermer la pension, ou bien en prendre la direction à la place de ma tante pendant son absence.

VALORY. — C'est bien ainsi que la question se pose, en effet.

MADELEINE. — Si vous croyez toujours, docteur, que ma tante sera bientôt rétablie...

VALORY. — Oh! bientôt... c'est beaucoup dire!

MADELEINE. — Enfin qu'elle n'est pas réduite à l'impuissance un temps indéfini...

VALORY. — Je l'espère... mais je vous ai déjà dit cette nuit ce qui peut venir ébranler ma confiance.

MADELEINE. — Vous l'espérez. Ça suffit pour me tracer ma conduite. Je dois beaucoup à ma tante, vous ne l'ignorez pas ; c'est elle qui m'a élevée, guidée, soutenue... L'occasion se présente de m'acquitter envers elle. Je suis libre. Je n'ai pas à hésiter.

VALORY, dubitatif. — Vous êtes libre...

MADELEINE, le regardant fixement. — Quoi? Je ne le suis pas?

VALORY. — Je veux dire que c'est une lourde charge pour vous.

MADELEINE. — Je ne suis plus une enfant. M. Géodésias ne sait pas, lui, quelle a été ma vie jusqu'ici... Je n'ai jamais été gâtée de la fortune. Après avoir perdu coup sur coup mon père et ma mère, il m'a fallu beaucoup travailler pour devenir une Sévrienne et me créer une existence indépendante. J'étais encore à Sèvres lorsque...

VALORY. — Vous avez bifurqué.

MADELEINE. — Oui. Je me suis mariée... à vingt ans.

VALORY. — Erreur d'aiguillage.

MADELEINE. — C'est possible. Ayant à opter entre le professorat et le professeur, j'ai choisi le professeur, une façon de ne pas quitter tout à fait l'enseignement. J'aurais pu rencontrer un homme plus jeune et mieux portant ; mais aussi épouser un moins bel exemplaire de distinction intellectuelle et morale. Le professeur Hazelaire jouissait à l'Ecole normale d'une haute réputation.

GÉODÉSIAS. — Ça, j'en ai connaissance. Il imposait le respect.

VALORY. — C'est tout dire.

GÉODÉSIAS. — Oui, c'est tout dire, en un temps où le savoir-faire mène à tout et le respect à rien.

VALORY. — Quoi qu'il en soit, ce n'est pas d'avoir été pendant sept ans la femme d'un professeur éminent qu'a pu vous venir l'expérience indispensable pour administrer une pension comme celle-ci. Ne craignez-vous pas que la tâche ne soit au-dessus...

MADELEINE. — De mes forces? J'ai la meilleure santé physique et morale, Dieu merci!

VALORY. — Sans doute, mais Mlle Cléringer avait en outre une autorité... une grande autorité... l'autorité...

MADELEINE. — Dont je suis totalement dépourvue. Dites-le.

VALORY. — Non. Je crois simplement que vous n'êtes pas dans les mêmes conditions que votre tante pour avoir affaire à des jeunes gens impatients de s'émanciper. Voyons, monsieur Géodésias...

GÉODÉSIAS. — Oh! je n'ai pas voix au chapitre.

VALORY. — Pardon! Si vous êtes appelé à seconder Mme Hazelaire...

MADELEINE, à Géodésias. — Vous êtes appelé. Répondez.

GÉODÉSIAS. — Il eût été préférable que Mlle Cléringer fît elle-même la rentrée : les parents se seraient trouvés devant le fait accompli.

MADELEINE. — Bref, vous estimez que je ne présente pas de garanties suffisantes pour...

GÉODÉSIAS, vivement. — Mais je n'ai pas dit ça!

MADELEINE. — Bon. Mais vous, docteur, vous le dites.

VALORY. — Je suis trop votre ami, votre ami dévoué, pour ne pas vous prémunir contre des complications éventuelles.

MADELEINE. — Ecoutez, mon ami, je vous suis infiniment reconnaissante de votre sollicitude, mais mon parti est pris : j'assurerai la rentrée et, qui mieux est, je ferai en sorte qu'on ne perde pas un pensionnaire, avec le concours de M. Géodésias.

GÉODÉSIAS. — Il vous est acquis, madame.

VALORY. — A vous deux, il est possible, après tout, que vous surmontiez certaines difficultés...

MADELEINE. — Oui. N'exagérons rien. J'ai vécu assez intimement avec ma tante pour savoir comment et dans quel esprit elle dirigeait cette maison. Je tâcherai qu'on ne s'aperçoive pas trop de sa défaillance momentanée.

VALORY. — Elle a toute confiance en vous, assurément. Néanmoins, vous la connaissez : elle n'aime pas beaucoup qu'on mette le nez dans ses papiers.

MADELEINE. — Vous croyez? Vous n'avez pas vu, comme moi, cette nuit, après votre départ, les grosses larmes qu'elle versait en me regardant feuilleter les lettres qu'elle a reçues pendant les vacances et les dossiers de chaque pensionnaire. Ma tante n'a rien d'une marchande de soupe. C'est une éducatrice d'autrefois : ses diplômes sont dans son cœur. N'est-ce pas, monsieur Géodésias?

GÉODÉSIAS. — Oui. Ses pensionnaires sont ses enfants. Elle se fait obéir sans cesser de se faire aimer.

MADELEINE. — Allons, la cause est entendue. Et merci encore, monsieur Géodésias, de ne pas m'abandonner.

VALORY. — De ne pas démissionner.

GÉODÉSIAS. — Je m'en garderais bien! Ce serait la première fois qu'une démission m'enlèverait mon estime.

MADELEINE. — Montez donc avec le docteur auprès de la malade. Elle sera contente de vous voir.

GÉODÉSIAS. — Bien volontiers.

MADELEINE. — Donnez-moi de ses nouvelles en redescendant. Pendant que vous serez auprès d'elle, je commencerai à recevoir les parents des nouveaux et des anciens pensionnaires.

VALORY. — Je vous souhaite beaucoup d'agrément. (A voix basse.) Je pourrai vous parler tout à l'heure, seul à seule?...

MADELEINE. — Mais oui. Envoyez-moi donc, je vous prie, la femme de chambre... Irma... si vous n'avez pas besoin d'elle là-haut.

VALORY. — La voici.

IRMA. — Mademoiselle est réveillée.

VALORY. — Bien. J'y vais. Vous venez, cher monsieur?

Il sort avec Géodésias.

Scène X

MADELEINE, IRMA

MADELEINE. — Dix heures et demie... Voyez donc, Irma, s'il y a déjà quelqu'un dans le petit salon.

IRMA. — Il y a un monsieur et une dame en noir... avec deux jeunes gens.

MADELEINE. — Vous les connaissez?

IRMA. — Je connais le monsieur... un commandant en garnison à Bergerac, le père de M. René Arnal, candidat de seconde année à l'Ecole des sciences politiques.

MADELEINE. — Bon élève?

IRMA. — Moyen... « Mais beaucoup de facilité et hardi comme un page... », disait de lui Mademoiselle. Tandis qu'on le croyait aux Sciences Po... il faisait de la boxe dans un gymnase. Il y est, paraît-il, d'une certaine force. Il n'avait que cette supériorité-là sur ses camarades, mais il l'avait bien!

MADELEINE. — Il les battait?

IRMA. — Oh! pour s'amuser seulement, là, dans le jardin, aux récréations, mais c'était suffisant pour lui donner de l'influence sur eux.

MADELEINE. — Et ma tante, ni M. Géodésias n'ont jamais su?...

IRMA. — Qu'il *séchait* des cours? Comment le savoir? Madame pense bien que les pensionnaires ne se trahissent pas entre eux.

MADELEINE. — C'est vrai. (Un temps.) La dame qui est là?

IRMA. — Je ne l'ai jamais vue. La maman d'un nouveau, sans doute.

MADELEINE. — Faites-la entrer.

IRMA. — Bien, madame.

Elle sort et introduit Mme Morin et son fils Abel.

Scène XI

MADELEINE, Mme MORIN, ABEL MORIN

Mme MORIN. — Mlle Cléringer?

MADELEINE. — Ce n'est pas moi, madame. Je suis sa nièce et je dois la remplacer par suite d'un léger accident dont elle a été victime hier.

Mme MORIN. — Accident sans gravité, j'espère?

MADELEINE. — Sans aucune gravité. Elle a fait une chute et s'est luxé le pied et le bras. Veuillez vous asseoir.

Mme MORIN. — Je suis Mme Morin... et voici mon fils Abel.

MADELEINE. — Ma tante l'attendait, madame. Si vous voulez bien, comme à elle-même, me faire confiance.

Mme MORIN. — J'habite Lunéville et j'ai eu le grand malheur d'y perdre mon mari en 1911... Il y a exactement deux ans. Il était magistrat. Il avait une belle carrière devant lui. Il destinait notre fils unique à l'agriculture, parce que ses parents lui laisseront, à leur mort, un vaste domaine à exploiter dans le Périgord. Il voulait faire de lui un ingénieur agronome. J'exécute ses dernières volontés. Aussitôt qu'Abel a été bachelier, il s'est donc fait recevoir à l'Institut agronomique et, comme l'Institut ne prend pas d'internes, je me suis informée d'une pension de famille honorable. On m'a recommandé la vôtre et j'ai écrit à Mlle Cléringer.

MADELEINE. — Quel âge a M. Morin?

Mme MORIN. — Il va sur ses dix-huit ans. Je suis veuve ; autant dire qu'il est tout pour moi. Je l'aurais suivi à Paris si je n'étais retenue à Lunéville auprès de ma vieille mère toujours malade. Il ne lui est plus permis de se déplacer.

MADELEINE. — Vous avez dû vous résigner à une séparation.

Mme MORIN. — Non sans peine... Abel ne nous a jamais quittées. Il vivait entre sa grand'mère et moi. Un enfant gâté.

MADELEINE. — Où a-t-il fait ses études? Voulez-vous me le rappeler, je vous prie?

Mme MORIN. — Au collège de Saint-Maur... un établissement de tout repos où l'influence du foyer se prolonge. Abel a toujours bien passé ses examens. Je l'appelle quelquefois « ma grande fille ».

ABEL, protestant doucement. — Maman!...

Mme MORIN. — Enfin, rien de malsain n'est en lui. Il remplit ses devoirs religieux. Il a été élevé dans la crainte du péché. C'est vous dire que je compte sur vous pour continuer à le préserver des tentations.

MADELEINE. — Vous avez raison, madame, de compter pour cela sur ma tante... La tâche lui sera facile, puisque nous sommes sans défaut... presque parfait.

Mme MORIN. — Presque... Je lui reproche d'être un peu trop renfermé. Il lit beaucoup.

MADELEINE, à Abel. — Qu'est-ce que vous lisez?

ABEL. — Tout.

MADELEINE. — Ce qui forme l'esprit... ou ce qui l'amuse?

ABEL. — Les deux.

MADELEINE. — Il faut lire avec discernement. Tout n'est pas profitable. Mlle Cléringer exerce une surveillance très rigoureuse sur les lectures de ses pensionnaires.

Mme MORIN. — Ah!... tu vois... je t'ai toujours dit que tu t'abîmais les yeux à lire jusqu'à des minuit...

MADELEINE. — Ce ne sont pas seulement les yeux qui se fatiguent. Une bonne santé?

Mme MORIN. — Oui, un peu délicate... par suite d'une fièvre muqueuse qu'il a eue à douze ans. Jamais, depuis, il n'a été ce qu'on appelle malade.

MADELEINE. — Bien.

Mme MORIN. — Nous l'avons peut-être un peu trop élevé dans du coton. Mais un fils unique, vous comprenez?

MADELEINE. — Je pense qu'il vous est reconnaissant des sacrifices que vous faites pour lui?

Mme MORIN. — Oh! très reconnaissant. C'est un bon fils!

MADELEINE, à Abel. — Avez-vous des aptitudes spéciales?

Mme MORIN. — Réponds... Mademoiselle te parle.

ABEL. — Non.

Mme MORIN. — Il a toujours eu de bonnes notes en sciences naturelles, physique et chimie.

ABEL. — En composition française aussi.

Mme MORIN. — Ce sont les mathématiques qui laissent plutôt à désirer...

ABEL. — La trigonométrie surtout. J'ai failli *sécher* au cours d'admission à cause de ça.

MADELEINE. — Oui, je vois... vous aurez besoin des leçons de M. Géodésias. M. Géodésias est un très bon professeur qui surveille les élèves et les fait travailler en dehors des cours. Il est justement là... (Elle sonne.) Je vais lui présenter son nouvel élève.

Mme MORIN. — Tous vos pensionnaires ne suivent pas les cours de l'Institut agronomique?

MADELEINE. — Non. Saint-Cyr, l'Ecole centrale, l'Ecole des mines et l'Ecole des sciences politiques nous envoient également des jeunes gens, mais en petit nombre. (Irma est entrée.) M. Géodésias est-il redescendu?

IRMA. — Oui, madame. Il est dans le jardin avec les pensionnaires.

MADELEINE. — Dites-lui de venir me parler. (Irma sort.) J'oubliais de vous demander quelle langue étrangère vous avez apprise? L'anglais, l'allemand?

ABEL. — L'allemand.

MADELEINE. — Bon. Mlle Cléringer le parle couramment... Et comme elle prend ses repas avec les pensionnaires, en famille...

Mme MORIN. — Il avait aussi commencé l'anglais...

MADELEINE, à Abel. — En ce cas, un jeune Anglais de la Guilde internationale, qui doit venir ici cet hiver se perfectionner dans notre langue, pourra vous être utile dans la sienne.

Mme MORIN. — Je vois que Mlle Cléringer pense à tout... J'aurais été si heureuse de faire sa connaissance!

Entre Géodésias.

Scène XII

LES MÊMES, GEODESIAS

MADELEINE. — Monsieur Géodésias... je vous présente un jeune homme... monsieur Abel Morin... auquel les mathématiques, sans lui être absolument étrangères, n'ont pas encore tout dit.

GÉODÉSIAS. — C'est pourtant une noble distraction... mais il ne faut pas en faire un pensum.

MADELEINE. — Monsieur Morin est encore un peu timide... dépaysé... Un pensionnaire de seconde année le mettra rapidement au courant de nos habitudes. Est-ce que M. Arnal, par exemple, qui vient d'arriver?...

GÉODÉSIAS. — Oui, c'est une bonne idée... Les jeunes gens me paraissent devoir se convenir. Voulez-vous que je l'appelle? Il est dans le jardin.

MADELEINE. — Oui, appelez-le. (A Mme Morin, tandis que Géodésias, au fond et de la véranda, fait signe au jeune homme de venir.) Ils vont faire tout de suite connaissance et vous repartirez convaincue qu'un bon camarade est auprès de votre fils.

Mme MORIN. — Vous êtes vraiment d'une obligeance...

Scène XIII

LES MÊMES, RENE

MADELEINE. — Ah! voici notre jeune homme. Il vient de Bergerac où son père, le commandant

Arnal, tient garnison. Voulez-vous nous rendre un petit service, monsieur?

RENÉ. — Bien volontiers, madame.

MADELEINE. — A vous qui allez commencer votre seconde année de sciences politiques... je demande aide et protection pour votre nouveau camarade, monsieur Abel Morin, qui vient de Lunéville. Vous serez attentif à lui épargner, j'en suis sûre, bien des petits ennuis au début d'un changement de résidence et de programme.

RENÉ. — Je ferai de mon mieux, madame ; mais c'est si naturel que je n'aurai guère de mérite...

Il tend la main à Abel.

Mme MORIN. — Merci, monsieur... (*A Abel.*) Allons, ma grande fille, tu n'es pas encore trop à plaindre.

ABEL. — Mais je ne me plains pas, maman.

Mme MORIN. — Voulez-vous, madame, recevoir le premier trimestre de pension d'avance?

MADELEINE. — Comme vous voudrez, madame.

Elle va s'asseoir au petit bureau. Mme Morin la suit. Géodésias émiette du pain aux oiseaux dans le jardin. Abel et René demeurent à l'écart.

RENÉ. — C'est la première fois que vous venez à Paris?

ABEL. — Non, j'y suis venu du vivant de mon père, une fois, pendant trois jours.

RENÉ. — Vous y avez de la famille?

ABEL. — Non.

RENÉ. — Un correspondant?

ABEL. — Non plus.

RENÉ. — Ça vaut mieux. Vous prendrez vite les habitudes de la maison.

ABEL. — C'est la suite du collège.

RENÉ. — Pas du tout! On jouit ici d'une grande liberté... quand on sait y faire. Vous verrez. Tu ne regretteras pas plus Lunéville que je ne regrette Bergerac. C'est province et compagnie. On se tutoie, hein?

ABEL. — Si vous m'y autorisez.

RENÉ. — Je vous y autorise et même je t'en prie.

MADELEINE. — Monsieur Géodésias... Voulez-vous montrer à monsieur Morin la chambre qui lui est affectée... pavillon numéro un, au premier?... (*A Mme Morin.*) Vous aurez ainsi une idée complète de son installation. Les chambres de ces messieurs sont sur le même palier et monsieur Géodésias est leur voisin.

Mme MORIN. — Merci encore.

MADELEINE. — Au revoir, madame. (*Ils sortent. On frappe.*) Entrez.

Scène XIV

MADELEINE, VALORY, *puis* IRMA

VALORY. — Je ne vous dérange pas?

MADELEINE, *gaiement.* — Si. L'heure de ma consultation. Vous savez trop ce que c'est...

VALORY. — Je ne voulais pas partir sans vous avoir revue.

MADELEINE. — Comment trouvez-vous ma tante, ce matin?

VALORY. — Heu!... Je ne pourrai guère me prononcer avant plusieurs jours. L'état reste alarmant. Il est peu probable qu'elle puisse reprendre bientôt ses occupations.

MADELEINE. — Je m'en doutais.

VALORY. — Et ça ne modifie pas votre résolution?

MADELEINE. — Non.

VALORY. — J'admire avec quelle aisance vous prenez votre parti d'un événement fâcheux pour nous.

MADELEINE. — Il l'est davantage pour ma tante.

VALORY. — Nous attendions impatiemment la fin des vacances pour lui faire part de nos projets et fixer, d'accord avec elle, la date de notre mariage... et ce contre-temps ne vous désole pas comme moi?

MADELEINE. — Si.

VALORY. — Vous dites ça sans conviction.

MADELEINE, *avec plus de force.* — Si.

VALORY. — On ne sait même pas que nous sommes fiancés.

MADELEINE. — Tant mieux!

VALORY. — Pourquoi?

MADELEINE. — C'est difficile à expliquer. Une sorte de pudeur. Il me semble que je serais gênée par les regards sur nous de tous ces jeunes gens.

VALORY. — Raison de plus pour hésiter à prendre la direction effective...

MADELEINE. — Et provisoire.

VALORY. — De cette cantine.

MADELEINE. — Je ne peux pas faire autrement... et cette pension n'est pas une cantine...

VALORY. — Je vous demande pardon.

MADELEINE. — Non, je ne suis pas une petite fille qui va jouer à tenir une pension.

VALORY. — Ne m'en voulez pas d'un mot qui m'a échappé et que je regrette... Comprenez donc que je ne vous aimerais pas... que je ne vous aimerais pas d'amour si je n'étais pas pressé d'être heureux.

MADELEINE. — Faites-vous une raison. Ça n'est qu'un mauvais moment à passer.

VALORY. — Alors, je ne vous emmène pas déjeuner au restaurant, comme c'était convenu?

MADELEINE. — Impossible, vous le voyez bien.

VALORY. — C'est gai... Nous dînerons ensemble, au moins?

MADELEINE. — Je l'espère. A moins que ma tante... et si je ne suis pas moi-même trop fatiguée.

VALORY. — Vous comptez sur beaucoup de clients?

MADELEINE. — Le salon d'attente est plein.

VALORY. — N'en jetez plus! A ce soir. Je viendrai vous prendre.

MADELEINE. — Soit... Mais à condition de ne pas donner de signes d'impatience si je suis retenue.

VALORY. — Il y en a bien un que vous ne m'interdirez pas...

Il s'avance pour la prendre dans ses bras.

MADELEINE, *se dérobant.* — Attention!... On nous voit du jardin!

VALORY. — Ah! nous allons nous amuser!... A bientôt.

Il sort.

MADELEINE, *à Irma qu'elle a sonnée.* — Du monde au parloir?

IRMA. — Oui, madame, plusieurs personnes.

MADELEINE. — Faites entrer la première arrivée.

RIDEAU

ACTE II

Même décor qu'au premier acte, mais rajeuni, réveillé, rafraîchi par tout ce que peut gagner un intérieur à la présence d'une femme de goût. Il y a des fleurs dans les vases, des coussins sur les fauteuils et le canapé, des rideaux clairs et légers à la baie vitrée, de la musique sur le piano. On aperçoit le jardin par la porte ouverte ; les arbres n'ont pas encore de feuilles. L'hiver touche à sa fin.

Scène première

BOQUET, RICARD, LARDIN, GIROUX

Boquet et Ricard jouent aux dames sur une petite table, au fond ; Lardin et Giroux, un peu éloignés l'un de l'autre, au premier plan, lisent.

LARDIN, bâillant. — C'est exprès que les dimanches sont plus embêtants que les autres jours?

BOQUET, tout en jouant. — Encore un d'écossé tout de même.

RICARD, de même. — Pas trop tôt!... Je prends et je vais à dame.

BOQUET. — Petit polisson! Emmène-moi.

RICARD. — Pas maintenant... mais ce soir, avec la permission du père Géo... c'est dans les choses possibles.

BOQUET. — Compte dessus.

RICARD. — Le tout est de savoir s'y prendre. Le père Géo déteste le mensonge. Il n'y a qu'à lui dire la vérité.

BOQUET. — Tu aurais le culot de la lui dire, toi?

RICARD. — Non, mais Arnal la lui dira pour nous.

BOQUET. — Le fait est qu'il n'en manque pas, lui, de culot! Regarde-le inculquer au frère les notions de la boxe. Pan! dans la vitrine!... Pan! dans le buffet!...

RICARD. — Ah!... défense de frapper au-dessous de la ceinture! Respect à la bijouterie!

LARDIN. — Vous ne pourriez pas jouer silencieusement? On ne sait plus ce qu'on lit.

BOQUET. — Pour ce que tu lis!...

LARDIN. — Hé! Ha! Giroux?

GIROUX. — Quoi?

LARDIN. — Donne-moi de quoi qu't'as, t'auras de quoi qu'j'ai.

GIROUX. — J'ai *le Mariage de Loti*. Tu aimes Loti?

LARDIN. — J'aime mieux l'auto. Envoie tout de même. C'est excitant?

GIROUX. — Ça invite aux voyages, à l'amour et à tout le bazar. Attrape!

LARDIN. — A toi!... *La Prière sur l'Acropole.* Tu parles d'une frivolité!

BOQUET. — Crâneurs!

LARDIN. — Que veux-tu dire, agneau sans tache?

BOQUET. — Comme si on ne savait pas, Ricard et moi, que vous échangez *Claudine à l'école* contre *le Journal d'une femme de chambre.*

RICARD. — Encore une chose que vous n'auriez pas pu faire sous le règne de Petit-Beurre Ier.

GIROUX. — Ça, c'est vrai. Elle voyait tout.

LARDIN. — Elle savait tout.

BOQUET. — Elle était partout à la fois.

LARDIN. — Ah! nous étions bien gardés!

RICARD. — Nous le sommes encore. Voulez-vous parier que, du coin de la fenêtre où elle fait rouler son fauteuil, elle ne perd pas un *swing* ni un *uppercut* d'Arnal?

GIROUX. — A moitié paralysée, derrière ses rideaux, elle ne cesse pas de nous surveiller.

RICARD. — De contrôler nos entrées et nos sorties.

LARDIN. — Elle dirige la pension bien plus que Mme Hazelaire, qui en est l'ornement.

BOQUET. — Et personne ne s'en plaint.

RICARD. — Tiens! Qu'est-ce que je disais? Voilà mon Arnal qui reçoit un avertissement.

GIROUX. — De qui?

RICARD. — D'en haut.

Scène II

LES MÊMES, RENE ARNAL

LARDIN. — Tu t'es fait rappeler à l'ordre par Petit-Beurre-Salé?

RENÉ. — Si on ne peut même plus profiter d'un beau dimanche comme celui-ci pour s'assouplir les muscles en plein air... soupé!

GIROUX. — Tu n'es pas sorti, tantôt?

RENÉ. — Non. La flemme... J'ai fait du plumard.

RICARD. — Vous deviez aller vous promener ensemble, ton poulain et toi.

RENÉ. — Oui, mais je n'étais pas en train; alors, je crois que Morin est sorti avec Durieu et Videloque.

BOQUET. — Les deux puceaux.

LARDIN. — Avec Morin, ça fait trois.

RENÉ. — Pourquoi dis-tu ça? Qu'en sais-tu? Il ne t'a pas fait ses confidences.

LARDIN. — Pas de danger. Il te les réserve. Tu l'as pris sous ta protection.

RENÉ. — Ça t'amuse tant que ça de le charrier?

LARDIN. — Ça le dégourdit.

BOQUET. — C'est pas avec Videloque et Durieu qu'il se dessalera.

LARDIN. — Ça non ! Ils méprisent les sports, se piquent de littérature et ont fait vœu de chasteté.

BOQUET. — Quels numéros!

Un gramophone joue au dehors *la Veuve joyeuse.*

RICARD. — Qu'est-ce que c'est que ça?

RENÉ. — Comment, vous ne savez pas? Karoline, avec les étrennes qu'on lui a données, s'est offert un gramophone. Voui, ma turquoise! Les plaisirs du dimanche!

LARDIN. — C'est avec intention qu'elle joue *la Veuve joyeuse*.

RENÉ. — Quelle intention?

LARDIN. — Dame! Il y a une veuve dans la maison : l'invitation à la valse.

GIROUX. — Veux-tu te taire! Si Fleur-des-Neiges t'entendait!

BOQUET. — C'est Mme Hazelaire que tu appelles Fleur-des-Neiges?

GIROUX. — La patronne, oui.

BOQUET. — Pourquoi?

GIROUX. — Parce qu'elle sent bon et qu'elle est froide.

RICARD. — Ne pas se fier aux apparences. Très volcanique, au fond, ce genre de femme-là.

RENÉ. — Tu en sais quelque chose?

RICARD. — Tout le monde sait ça. En ce moment même, voulez-vous que je vous dise? Eh bien, elle est en train de se faire ausculter par son petit docteur.

BOQUET. — Elle est malade?

RICARD. — Je ne te dis pas qu'elle est malade, je te dis qu'elle consulte le médecin. Je l'ai vu arriver.

BOQUET. — Il dîne ici tous les dimanches.

LARDIN. — Vous verrez que tout ça finira par un mariage et qu'ils auront beaucoup d'enfants.

RENÉ. — Tant pis! Elle mérite mieux que ce bonhomme-là.

Le gramophone est brusquement interrompu.

GIROUX. — Ah! Karoline est priée d'y mettre un bouchon!

BOQUET. — Elle a réveillé Petit-Beurre.

LARDIN. — C'est pas le moment, si on veut se donner de l'air ce soir.

RENÉ. Laissez-moi faire. Je m'en charge.

Scène III

LES MÊMES, KAROLINE

TOUS, en voyant entrer Karoline, se mettent à chanter :

Vous avez quéqu'chose de bleu :
Les yeux.
Vous avez quéqu'chose de blanc :
Les dents.

KAROLINE. — Sont-ils bêtes!

RENÉ. — Dis, ma turquoise, on t'a coupé la communication?

KAROLINE. — La... quoi?

RENÉ. — La communication gramophonique?

KAROLINE. — Goupé?... Ah! oui...

Elle va, en riant, chercher deux vases qui se trouvent, l'un sur la table, l'autre sur le piano.

BOQUET. — Ne coupez pas, mademoiselle!

RICARD. — On vous cause.

LARDIN. — Qu'est-ce que la cloche attend, ma jolie, pour nous appeler à table?

KAROLINE. — Que Madame ait fini de dîner.

RENÉ. — Elle dîne avant nous, ce soir?

KAROLINE. — Oui. A cause de M. le docteur qui a des visites à faire.

LARDIN. — Ecoute-moi bien... Au lieu de sonner la cloche, ce soir, tu viendras nous dire : « La petite cloche sonne... La petite cloche sonne... » Répète... aussi vite que moi...

Karoline essaie et finit naturellement par dire : « La petite cochonne. » Rires, joie d'enfants.

KAROLINE. — Ah! vous en avez du vice!

RENÉ. — Dis encore... C'est Petit-Beurre... Mlle Cléringer, qui a trouvé tout à l'heure que tu faisais trop de bruit?

KAROLINE. — Non. Il y a permission de musique aujourd'hui.

GIROUX. — Et tu ne le disais pas!

RICARD. — En quel honneur?

KAROLINE. — C'est pas à moi à vous le dire.

Ils l'entourent et la lutinent.

RENÉ. — Elle ne sortira pas d'ici avant de l'avoir dit.

LARDIN. — La torture!

BOQUET. — Sur le chevalet!

En se débattant, elle laisse tomber le vase qu'elle tenait et qui se brise. A ce moment, Irma entre, une gerbe de fleurs dans les bras.

Scène IV

LES MÊMES, IRMA

IRMA. — Ah! bien, je ne m'étonne plus... Voulez-vous laisser cette petite tranquille... (A Karoline.) Allez voir Madame, elle vous réclame... (Elle va garnir de fleurs l'autre vase. Karoline sort.) Ça n'est pas quand Mademoiselle était valide que vous auriez fait une vie pareille.

LARDIN. — On se rattrape.

RENÉ. — Voici de belles fleurs parce que c'est dimanche. Et puis voici mon cœur qui ne bat que pour vous!

RICARD. — Pas besoin de demander le nom de l'expéditeur.

IRMA. — C'est le docteur Valory.

LARDIN. — Parbleu!

GIROUX. — Autre chose est de savoir à quelle occasion...

IRMA. — C'est la fête de Madame.

RENÉ. — Sans blague! (Il va regarder le calendrier.) C'est aujourd'hui la Saint-Mathias. Irma, vous vous payez notre tête, c'est mal.

IRMA. — Il en est de la fête de Madame comme de la fête de Mademoiselle : on la souhaite à l'anniversaire de leur naissance.

LARDIN. — Et quel âge a aujourd'hui Mme Hazelaire?

IRMA. — Si on vous le demande, vous répondrez que vous n'en savez rien!

RENÉ. — Peu importe. Il n'est pas trop tard pour bien faire.

IRMA. — Vous n'avez pas de temps à perdre, alors. Après dîner, M. le docteur doit accompagner Madame à l'Opéra.

RICARD. — La musique adoucit les mœurs.

IRMA. — On joue *Rigoletto*.

LARDIN. — Mince de rigolade!

Irma sort.

Scène V

LES MÊMES, moins IRMA

RENÉ. — Il est encore temps d'organiser quelque chose. J'ai une idée. L'un de vous veut-il courir jusqu'au Lion de Belfort, où il y a une marchande de fleurs, et rapporter... ma foi, ce qu'il trouvera?

RICARD. — Ça colle. J'y vais. Tu viens avec moi, Boquet?

BOQUET. — On peut faire ça pour la patronne.

GIROUX. — Oui. Elle est assez chic avec nous.

Ricard et Boquet sortent.

Scène VI

RENE, GIROUX, LARDIN

RENÉ. — Il n'y a que ceux qui étaient déjà là l'année dernière qui peuvent savoir ce que la boîte a gagné à être dirigée par Mme Hazelaire.

GIROUX. — Tout le monde est plus ou moins amoureux d'elle.

RENÉ. — Ils ne mouraient pas tous, mais tous étaient toqués!

LARDIN. — Les plus gravement atteints sont peut-être ceux qui ne s'en vantent pas.

GIROUX. — Comme toujours.

LARDIN. — Morin, par exemple. Vous vous rappelez, à la rentrée, quand la patronne prenait ses repas avec nous, comme il rougissait aussitôt qu'elle lui adressait la parole?

GIROUX. — Et quand on parlait d'elle devant lui.

LARDIN. — Une fille! La fifille à sa mémère. A quel degré sa fièvre de poulain est-elle tombée? 38? 37,5? Tu dois le savoir, toi qui le soignes.

RENÉ. — Morin ne m'entretient pas de ses battements de cœur. C'est une nature délicate... et un bon camarade.

LARDIN. — Une sensitive.

RENÉ. — Si tu veux. C'est son affaire.

Scène VII

LES MÊMES, KAROLINE, MORIN, DURIEU et VIDELOQUE

KAROLINE ouvre la porte et annonce. — Messieurs les trois puceaux!

Puis elle sort en pouffant de rire.

RENÉ, regardant Lardin. — Qui a soufflé cette plaisanterie à Karoline? Ça n'est pas fort.

LARDIN. — Tout le monde n'est pas de ta force.

RENÉ. — C'est dommage. On tiendrait une conversation...

LARDIN. — Te voilà le défenseur des opprimés, maintenant?

RENÉ, sans éclat, mais avec fermeté. — Non, mon vieux, je t'invite simplement à leur f... la paix, comprends-tu?

LARDIN. — C'est bon, c'est bon. Ta qualité d'ancien dans la boîte ne te confère aucun droit à nous donner des leçons.

RENÉ. — Elle m'en confère à te donner un conseil. Suis-le, ne le suis pas, libre à toi.

LARDIN. — Encore heureux que tu me laisses le choix.

Il sort.

Scène VIII

LES MÊMES, moins LARDIN

DURIEU. — Nous avons rencontré Ricard et Boquet.

RENÉ. — Ils vous ont dit?

VIDELOQUE. — Oui. Nous nous associons à ce qu'on fera.

RENÉ. — Qu'est-ce que tu lis, vieux gosse?

ABEL. — *Le Lys dans la vallée.*

RENÉ. — C'est d'un horticulteur?

ABEL. — Non, brute épaisse, c'est de Balzac.

GIROUX, s'accompagnant au piano.

Je sais que vous êtes jolie,
Que vos grands yeux pleins de douceur
Ont charmé tout mon cœur

TOUS

Et que c'est pour la vie!...

ABEL. — Ah! vous n'en savez pas d'autre?

DURIEU. — Nous a-t-on assez seriné ça quand nous sommes arrivés ici!

VIDELOQUE. — C'était pour dire que Mme Hazelaire n'était pas loin.

RENÉ. — Son leitmotiv.

ABEL. — Ça finit tout de même par être agaçant!

DURIEU. — Ah! voilà le père Géo.

GIROUX, à René. — Profites-en.

RENÉ. — Laisse-moi faire. Je le posséderai jusqu'au trognon. J'ai le moyen.

Scène IX

LES MÊMES, GEODESIAS

GÉODÉSIAS. — Bonjour, mes enfants.

TOUS. — Bonjour, monsieur Géodésias.

RENÉ. — Tous mes compliments, monsieur Géodésias. Grâce à vous, ce matin, le jardin embaume.

GÉODÉSIAS. — Je n'y suis pour rien.

RENÉ. — Ne dites pas ça. Vous avez fait griller du café dans votre chambre et, par la fenêtre ouverte, l'odeur s'est répandue dans le jardin. On la sent d'ici.

GÉODÉSIAS. — C'est pourtant vrai.

RENÉ. — Monsieur Géodésias... vous ne nous laisserez pas retourner chez nous sans nous avoir fait profiter de votre expérience...

GIROUX. — Sans nous avoir enseigné l'art de griller son café soi-même.

GÉODÉSIAS. — A condition qu'il vienne directement, comme le mien, du Congo, d'où on me l'expédie tous les trois mois.

RENÉ. — Bien entendu. Vous nous donnerez l'adresse.

GÉODÉSIAS. — Vous dites bien : griller le café est un art et le pratiquer vaut mieux que d'aller au café. (Rires.) J'ai la passion du café. Ainsi, tenez, ce soir, je dîne en ville chez de vieux amis. Eh bien, leur café détestable me gâterait ma soirée si je ne trouvais en leur compagnie quelque dédommagement.

GIROUX. — C'est vrai que vous devez parfois vous ennuyer seul, sans famille, sans attachement.

GÉODÉSIAS. — Justement. C'est alors que je vais faire visite à deux ou trois de mes contemporains qui sont mariés. Je regarde leurs femmes qui n'ont pas embelli en vieillissant et je me dis : « Tu aurais pu les épouser... mais si, mais si... Te vois-tu en face d'elles et les vois-tu en face de toi? » Il n'en faut pas plus pour me rendre ma gaîté habituelle.

RENÉ. — Monsieur Géodésias, vous êtes adorable... et nous vous aimons bien. Et, comme je vous aime bien, je vais vous le prouver, toute affaire cessante, en vous demandant un service, un vrai service.

GÉODÉSIAS. — Dites, mon cher enfant.

RENÉ. — Vous n'aimez pas le mensonge?

GÉODÉSIAS. — Non.

RENÉ. — Vous n'êtes pas comme cet éducateur anglais du siècle dernier qui considérait le mensonge comme un signe de respect?

GÉODÉSIAS. — Je ne vais pas jusque-là. Allez droit au but.

RENÉ. — C'est que... voilà... pour y aller, ce soir, au chose... au but... avec deux ou trois de nos camarades, il nous faut faire la courte échelle, sauter le mur, bref nous exposer à toutes sortes de désagréments. Alors, comme vous avez une clé de la petite porte du jardin, si vous vouliez bien me la confier...

GÉODÉSIAS. — Vous n'y pensez pas!

GIROUX. — Personne ne saura...

GÉODÉSIAS. — On peut vous surprendre... vous rencontrer...

RENÉ. — Le mal serait beaucoup plus grand si l'un de nous était victime d'un accident en sautant le mur... qui est élevé... Je ne sais pas si vous vous en rendez bien compte...

GIROUX. — Moi qui ne suis pas agile comme Arnal, j'ai déjà ramassé une belle bûche.

RENÉ. — Vous voyez!

GÉODÉSIAS. — Ah çà! vous ne pouvez donc pas vous tenir tranquilles... comme ceux-là?

Il montre Abel, Durieu et Videloque.

RENÉ. — Leur tour viendra. Rien ne les presse. C'est leur affaire.

GÉODÉSIAS. — Non, vous me demandez là une espèce d'abus de confiance... Mais si... mais si...

GIROUX. — Vous aimez mieux que nous rentrions éclopés par la grande porte, que frais comme l'œillet par la petite?

GÉODÉSIAS. — J'aime mieux que vous ne sortiez pas.

RENÉ. — Voyons, monsieur Géodésias, vous avez été jeune... Le moraliste n'étouffe pas en vous tout sentiment d'humanité. *(A ses camarades en reniflant.)* Croyez-vous que ce café sent bon?

GIROUX. — Une essence pour le mouchoir!

GÉODÉSIAS. — Le fait est... Ecoutez... Je veux bien pour cette fois... mais que ça ne devienne pas une habitude.

GIROUX. — Merci, monsieur Géodésias.

RENÉ. — Vous n'obligerez pas des ingrats.

GÉODÉSIAS. — Ah! vous me faites faire un joli métier! Promettez-moi au moins de ne pas rentrer trop tard.

RENÉ et GIROUX. — Nous vous le promettons.

GÉODÉSIAS. — Allons, venez chercher cette clé qui est dans ma chambre. Vous la remettrez sous le paillasson.

Géodésias et Giroux sortent.

Scène X

ABEL, DURIEU, VIDELOQUE,
puis MADELEINE, VALORY et KAROLINE

VIDELOQUE. — Choquet et Ricard auront beau courir : quelqu'un les a devancés.

DURIEU. — Le docteur Valory, pas d'erreur.

VIDELOQUE. — On ne m'ôtera pas de l'idée qu'il en pince pour la patronne.

DURIEU. — A moi non plus.

ABEL, *avec impatience.* — Pourquoi dites-vous ça?

DURIEU. — Sûr que c'est son soupirant.

VIDELOQUE. — On prétend qu'il ne tiendrait qu'à elle, veuve depuis trois ans, de se remarier avec lui.

DURIEU. — Elle hésite et c'est naturel. Les vieux, elle sort d'en prendre. Le professeur Hazelaire avait cinquante-deux ans quand il l'a épousée et près de soixante ans quand il est mort. Moi, je répète ce que j'ai entendu dire.

ABEL. — Le docteur Valory n'a pas quarante ans. On n'est pas vieux à quarante ans.

DURIEU. — On est vieux par rapport... La chose certaine, c'est que le docteur Valory est toujours fourré ici.

ABEL. — C'est le médecin de la famille... Et Mlle Cléringer a besoin de lui.

DURIEU. — Il y serait tout de même moins souvent s'il n'y venait que quand on le fait appeler.

ABEL. — Ne jabotez donc pas comme ça! Qu'est-ce que ça peut vous faire?

VIDELOQUE. — Parler de ça ou d'autre chose...

ABEL. — Parlons d'autre chose.

Un silence.

DURIEU. — Arnal, Giroux et Lardin vont encore découcher. Un de ces quatre matins, il leur arrivera une histoire.

ABEL. — A ces heures-là, l'avenue de l'Observatoire est généralement déserte.

VIDELOQUE. — C'est égal, à leur place, je me méfierais.

DURIEU. — Vous savez que Balzac a demeuré à deux pas d'ici, rue Cassini?

ABEL. — Non.

DURIEU. — Oui, mon vieux. Il reconduisait ses visiteurs jusqu'à la grille du Luxembourg, en robe de moine, un flambeau de vermeil au poing... comme ça!

VIDELOQUE. — Est-ce vrai que Balzac, dans sa jeunesse, a aimé une femme beaucoup plus âgée que lui?

DURIEU. — Oui. Elle s'appelait Mme de Berny et elle avait vingt deux ans...

VIDELOQUE. — Vingt-deux ans!

DURIEU. — ... De plus que lui.

ABEL. — Ah! C'est malin!

DURIEU. — C'est ce qu'on raconte.

ABEL. — Et elle était mariée, naturellement?

DURIEU. — Mariée. Des enfants. Neuf.

ABEL. — Idiot!

DURIEU. — Je te jure. Si tu as lu *le Lys dans la Vallée*, Mme de Mortsauf, c'est elle.

ABEL. — Ah!

VIDELOQUE. — C'est pas bête, au fond. A notre âge, il n'y a qu'avec ces femmes-là qu'on est à même d'apprendre quelque chose.

DURIEU. — C'est vrai qu'une femme qui a un peu vécu, comme Mme Hazelaire, on ne doit pas s'embêter avec elle.

ABEL, *violemment.* — Ah! vous n'allez pas recommencer, hein?

DURIEU. — Ce qu'on dit ne fait de mal à personne.

ABEL. — Vous croyez.

La cloche sonne.

VIDELOQUE. — Allons dîner, tenez, Abel est nerveux ce soir.

Au moment où ils vont sortir, Madeleine, en toilette

de soirée, entre, suivie de Karoline qui porte, sur un plateau, tasses à café, sucrier, etc.

MADELEINE. — On vous fait dîner plus tard que d'habitude, messieurs, par suite d'une petite complication dans le service... Obligée de sortir ce soir, j'ai dû dîner avant vous. Excusez-moi. *(Ils sortent.)* Servez le café tout de suite, Karoline, le docteur est pressé.

Karoline sort.

Scène XI

MADELEINE, VALORY, *en tenue de soirée.*

MADELEINE, *à Valory qui entre en coupant son cigare.* — Vous avez trouvé vos cigares?

VALORY. — Oui... Je croyais les avoir oubliés... Vous permettez? *(Signe d'assentiment de Madeleine.)* Ça ne vous fait rien qu'on laisse encore un peu la fenêtre ouverte? Vous ne craignez pas d'avoir froid?

MADELEINE. — Oh! non. Jouissons de ce faux départ du printemps en février. Mars nous le fera sans doute payer cher.

VALORY. — La journée a été magnifique. Rien ne me l'a gâtée, puisque je la termine auprès de vous. Et vous, Madeleine, êtes-vous heureuse?

MADELEINE. — Très heureuse.

VALORY. — Vous ne regrettez rien?

MADELEINE. — Que voulez-vous que je regrette?

VALORY. — Mais... par exemple... de ne plus prendre vos repas avec les pensionnaires comme vous avez fait d'abord.

MADELEINE. — Une fois de temps en temps.

VALORY. — Une fois de trop. Votre place n'était... *(Karoline apporte le café et Valory attend qu'elle soit sortie pour poursuivre.)* Votre place n'était pas au milieu de ces jeunes gens...

MADELEINE. — Ma tante avait l'habitude...

VALORY. — Ça n'est pas la même chose. Vous les gênez.

MADELEINE. — Que c'est drôle! J'aurais cru le contraire. N'ayant pas sur eux la même autorité maternelle que ma tante, je les traitais plutôt comme des invités sans cérémonie que comme des pensionnaires, et la méthode ne réussissait pas trop mal, je vous assure. Ils se tenaient bien à table.

Elle rit.

VALORY. — Ils sont beaucoup plus à leur aise entre eux.

MADELEINE. — Evidemment.

VALORY. — C'est assez de leur avoir ouvert ce salon.

MADELEINE. — A jour fixe et toujours en vertu du même principe.

VALORY. — Mais puisqu'il est mauvais.

MADELEINE. — Oh! mauvais... prouvez-le-moi.

VALORY. — Contre-indiqué, si vous aimez mieux.

MADELEINE. — Contre-indiqué me plaît.

VALORY. — Le langage du médecin... Pardon!

MADELEINE. — Faites donc. Si je leur permets de se réunir ici, le dimanche, c'est à cause du piano, je vous l'ai déjà dit... du piano qui peut remplacer l'hiver les jeux dans le jardin. Quelques-uns de ces jeunes gens sont musiciens! Ils amusent les autres. C'est encore une façon d'éloigner de ces grands garçons, qui ne sont pas riches et dont nous avons la garde, les tentations du dehors.

VALORY. — Avouez tout de même que vous éprouvez un certain plaisir, au fond, à vous sentir entourée de jeunes gens qui n'ont d'yeux que pour vous!

MADELEINE. — C'est vous qui le dites.

VALORY. — Non, ce sont vingt-cinq pensionnaires.

MADELEINE. — Vingt-trois.

VALORY. — Tous vos ad...mirateurs.

MADELEINE. — Vous alliez dire adorateurs.

VALORY. — Oh!

MADELEINE. — Si, vous alliez le dire... comme s'il n'y avait qu'à les regarder pour opérer ici un recensement de l'amour.

VALORY. — Ne parlons pas légèrement de choses graves.

MADELEINE. — En supposant que ces jeunes gens m'admirent, comme vous dites, quel mal voyez-vous?...

VALORY. — Aucun mal en ce qui vous concerne.

MADELEINE. — Je vous remercie. Alors, c'est pour eux que vous êtes inquiet?

VALORY. — Je ne crois pas qu'ils se trouvent dans les conditions les meilleures pour travailler posément... sérieusement.

MADELEINE. — Je leur donne des distractions?

VALORY. — Je ne prétends pas que vous le faites exprès.

MADELEINE. — Oui... C'est à mon corps défendant.

VALORY. — Ai-je besoin de vous répéter, Madeleine, que j'ai en vous une confiance absolue, inébranlable. Vous êtes bien portante, Dieu merci, et digne de tous les respects.

MADELEINE. — Vrai? Ah! docteur, que vous me faites plaisir!...

VALORY. — Il y a de quoi.

MADELEINE. — Je devrais être rassurée... et je ne le suis pas.

VALORY. — Non!

MADELEINE. — Je ne vous crois pas... sans réserve. Vous me rappelez celui de vos grands confrères qui a dit : « Une santé parfaite est un état précaire qui n'annonce rien de bon. » Si, si... je vous suis suspecte... Eh bien, vous avez tort. C'est justement parce que je suis bien portante que je ne reviendrai pas sur mes arrangements. Vous aurez beau dire : je trouve, moi, sain, hygiénique et moral ce petit coin réservé à des jeunes gens de dix-huit ans et plus, qui vont et viennent toute la semaine de leur chambre aux écoles. Et je m'estime récompensée quand je les vois préférer au café avec ses cartes et à la brasserie avec ses filles ce modeste salon où l'air qu'ils respirent est renouvelé.

VALORY. — Et comment!...

MADELEINE. — Pas quand vous y fumez votre cigare, non!

VALORY. — Le résultat est-il meilleur quand c'est votre parfum qui flotte?...

MADELEINE. — Mon parfum?

VALORY. — Ce subtil mélange, enfin, si personnel, qui signe partout votre feuille de présence.

MADELEINE. — Ces grands garçons ont des mères presque aussi jeunes que moi et qui se parfument.

VALORY. — Ce sont des mères.

MADELEINE. — On croirait, à vous entendre, qu'ils vivent continuellement auprès de moi.

VALORY. — C'est tout comme...

MADELEINE. — Voulez-vous que nous soyons toujours bons amis?

VALORY. — Cette question!

MADELEINE. — Ne vous occupez pas de la manière dont je dirige cette pension.
VALORY. — Cependant...
MADELEINE. — Vous n'avez pas voix au chapitre.
VALORY. — Pourquoi?
MADELEINE. — Parce qu'on ne peut pas être juge et partie dans un débat.
VALORY. — Comprends pas.
MADELEINE. — Vous êtes jaloux, mon ami.
VALORY. — Moi? De ces gamins?
MADELEINE. — Oui. Vous ne vous en rendez pas compte... mais vous êtes jaloux.
VALORY. — C'est un sentiment commun à tous ceux qui aiment une femme comme je vous aime, Madeleine. Votre mari n'était pas jaloux?
MADELEINE. — Si.
VALORY. — Vous voyez bien.
MADELEINE. — Il eût été jaloux d'un homme... De vingt-trois, je ne sais pas. L'occasion ne s'est pas présentée. Qu'est-ce que vous voulez? Je rougis presque d'appartenir à cette catégorie de femmes auxquelles un moraliste a dû penser en parlant de certaines personnes disgraciées par leurs qualités. Je crois ne pas être complètement dépourvue d'attraits... et si je vous disais qu'on me suit rarement dans la rue... Est-ce bête!
VALORY. — Qu'on ne vous suive pas?
MADELEINE. — Non, mais qu'on me suive peut-être sans que j'y fasse attention. Enfin, je ne connais les orages de la passion que d'après les récits des navigateurs.
VALORY. — Vous êtes une honnête femme.
MADELEINE. — C'est si repoussant que ça? Alors, n'allez donc pas chercher midi à quatorze heures en vous imaginant que j'inspire à mes pensionnaires autre chose qu'une respectueuse sympathie. Je n'ai aucune incorrection à leur reprocher. Vous me connaissez suffisamment pour croire que je ne supporterais pas...
VALORY. — C'est bien. N'en parlons plus.
MADELEINE. — Oui. N'en parlons plus.

Un temps.

VALORY. — Vous avez retrouvé cette photographie?
MADELEINE. — Quelle photographie?
VALORY. — La vôtre... en robe de bal... enfin, celle qui a disparu de l'album à la veille des vacances du Jour de l'an?
MADELEINE. — Elle a dû tomber.
VALORY. — Et quelqu'un l'a ramassée.
MADELEINE. — C'est possible.
VALORY. — Si une des bonnes l'avait trouvée, elle vous l'aurait rendue.
MADELEINE. — Probablement. Je ne me suis pas livrée à une enquête à ce sujet.
VALORY. — Pas plus qu'au sujet de vos voilettes et de vos gants qu'il vous est arrivé de chercher en vain.
MADELEINE. — Pas longtemps. Savez-vous qui j'ai d'abord soupçonné?
VALORY. — Dites.
MADELEINE. — Vous. Ça peut s'appeler une erreur...
VALORY. — Non! Vous m'avez cru capable... comme un collégien? Ça n'est plus de mon âge, voyons. Je serais ridicule.
MADELEINE. — Ne l'est pas qui veut.
VALORY. — Je vous aime, ma chère Madeleine, non pas comme un fou, mais comme un sage pour qui le bonheur est dans la... dans la sécurité.
MADELEINE. — Il y a tout de même des amours que les mots embellissent.
VALORY. — Des enfantillages.
MADELEINE. — Prenez garde... L'enfant se souvient peut-être moins des bras que des chansons qui l'ont bercé. Laissons cela... Je vous ai promis, si ma tante ne se remet pas, de fermer la pension aux vacances et d'aviser de ma résolution les familles qui nous font confiance. Je tiendrai ma promesse et rien alors ne s'opposera à notre mariage.
VALORY. — Au mois d'août prochain?
MADELEINE. — Au mois d'août... c'est entendu.
VALORY. — J'insiste pour le mois d'août, si nous voulons faire un voyage de noces. C'est à peu près le seul moment de liberté que me laisse la clientèle.
MADELEINE. — Ne mécontentons pas la clientèle...

Scène XII

LES MÊMES, IRMA

MADELEINE. — Qu'est-ce qu'il y a, Irma?
IRMA. — Quelques pensionnaires qui demandent si Madame peut les recevoir.
MADELEINE. — Ensemble?
IRMA. — Oui.
MADELEINE. — Que veulent-ils?
IRMA. — Ils ne l'ont pas dit.
VALORY. — Je ne veux pas être indiscret. Je vais en profiter pour aller voir un malade boulevard Saint-Michel.
MADELEINE. — Nous avons deux clientèles bien exigeantes, mon ami.
VALORY. — Je reviendrai vous prendre dans une demi-heure environ. Tenez-vous prête. On commence à huit heures précises par *Rigoletto*. Ça vaut la peine...

Il sort.

MADELEINE, *à Irma.* — Faites entrer ces messieurs.

Irma sort.

Scène XIII

MADELEINE, RENE, ABEL, LARDIN, GIROUX, RICARD, BOQUET, DURIEU et VIDELOQUE

MADELEINE. — Quelle procession! En l'honneur de qui?
RENÉ. — En votre honneur, madame. J'ai à remplir l'agréable mission de porter la parole au nom de mes camarades pour vous offrir, à l'occasion de votre fête, nos souhaits les meilleurs et nos respectueux hommages.
MADELEINE. — Voilà une surprise!
RENÉ. — Nous regrettons d'avoir été avertis trop tard... Nous aurions voulu être les premiers, n'est-ce pas?...

Signes d'approbation.

MADELEINE. — N'importe... je suis très touchée de cette attention.
RENÉ. — L'an dernier, l'anniversaire de la naissance de Mlle Cléringer tombant au mois de juin, nous avions organisé dans le jardin une petite réjouissance qui ne lui a pas déplu. Peut-être vous en a-t-elle parlé.

MADELEINE. — Non. J'étais absente de Paris. Voyons, dites-moi ce que vous avez fait.

RENÉ. — Nous avions attaché des lanternes vénitiennes dans les marronniers.

MADELEINE. — Ça devait être charmant.

LARDIN. — Et nous avons dansé entre nous au son d'un accordéon.

MADELEINE. — Eh bien, j'espère que le rétablissement complet de Mlle Cléringer sera fêté de la même manière au mois de juin prochain. Encore une fois, je suis très touchée de votre pensée et je vous en remercie! Ah!... Voulez-vous rester un moment, monsieur Morin? J'aurais deux mots à vous dire.

Tous sortent, excepté Abel.

Scène XIV

MADELEINE, ABEL

MADELEINE. — Asseyez-vous. J'ai reçu ce matin de votre mère une lettre qui m'a causé un peu d'étonnement... et quelque peine.

ABEL. — Je ne savais pas que maman...

MADELEINE. — Non, c'est à votre insu que Mme Morin m'a écrit. Elle a hésité quelque temps. Elle avait peur de s'alarmer à tort. Et puis vos lettres, depuis un mois, depuis vos vacances du Jour de l'an passées à Lunéville, l'ont confirmée dans ses inquiétudes.

ABEL. — A quel sujet?

MADELEINE. — Elle ne vous trouve plus le même. Elle a observé un grand changement dans votre manière d'être et elle m'en a demandé la raison. C'est assez embarrassant. Vous vous ennuyez ici?

ABEL. — Oh! non, madame.

MADELEINE. — Vous regrettez Lunéville... la vie de famille que vous y meniez? (Dénégation.) En effet, il n'y paraissait pas à Lunéville, où vous aviez plutôt l'air de vous morfondre, m'écrit votre maman. Ce sont vos études qui ne vont pas?

ABEL. — Non.

MADELEINE. — Vos camarades ne sont pas gentils avec vous?

ABEL. — Oh! si.

MADELEINE. — M. René est toujours le meilleur?

ABEL. — Le meilleur, oh! oui. Je l'aime bien.

MADELEINE. — Alors, ce changement dans votre attitude est inexplicable.

ABEL. — Je vous jure, madame...

MADELEINE. — Ne jurez de rien... Dites-moi plutôt pourquoi, entre votre grand'mère et votre mère, vous avez à peine desserré les dents pendant quinze jours. Vous viviez comme dans un rêve... avec une idée fixe... Laquelle? Vous ne voulez pas me le dire?

ABEL. — Maman est dans l'erreur si elle s'imagine que je suis mal portant.

MADELEINE. — Elle se figure surtout que vous éprouvez une souffrance morale... Vous n'avez laissé derrière vous aucune habitude... aucune affection...

ABEL. — Aucune.

MADELEINE. — C'est bien vrai? (Il détourne la tête.) Pas la moindre peine de cœur? Vous ne répondez pas... Vous voyez bien que vous me cachez quelque chose... quelque chose que votre mère ni moi ne devons savoir. C'est donc bien inavouable? Vous me faites amèrement regretter de suppléer Mlle Cléringer. Je suis inférieure à ma tante, puisque vous me refusez une marque de confiance qu'elle eût certainement obtenue de vous.

ABEL. — Oh! c'est plutôt le contraire...

MADELEINE. — Qu'est-ce que ça veut dire? Regardez-moi en face... bien en face... Quel motif avez-vous d'être malheureux?...

A ce moment un feu de Bengale illumine le jardin et une voix déclame, dans les arbres :

Je chante... car les ciels trop beaux,
Le soir qui tient, dans la venelle,
De trop voluptueux propos,
L'air qui sent trop la pimprenelle,
L'amour trop sûr de ses appeaux,
Forcent mon âme trop charnelle
A livrer les secrets dépôts
Qu'un dieu terrible a mis en elle...

LE CHŒUR

Coâ, coâ, coâ...
C'est nous qui sommes les crapauds...

RENÉ

J'ai dans mon cœur tous les sanglots,
Tous les pays dans ma prunelle,
Je vis, je meurs à tout propos,
Je suis la chanson éternelle...

LE CHŒUR

Coâ, coâ, coâ...
Nous crevons dans nos vieilles peaux...

RENÉ

Sachez donc cette triste et rassurante chose :
Que nul, coq du matin ou rossignol du soir,
N'a tout à fait le chant qu'il rêverait d'avoir !

LE CHŒUR

Coâ, coâ, coâ...

Le feu de Bengale et la récitation s'éteignent ensemble. Les sons d'un accordéon s'éloignent dans le soir.

ABEL, serrant les poings et entre ses dents. — Quel culot ! J'aurais dû me douter...

MADELEINE. — Qu'est-ce qui vous prend? Après qui en avez-vous?

ABEL. — Excusez, madame, un mouvement de colère...

MADELEINE. — Oui, si vous m'en dites le motif. (Silence.) Voyons... à qui l'idée... l'idée charmante de me donner cette sérénade est-elle venue? A vous?

ABEL. — Non. C'est Arnal qui l'a eue, malheureusement.

MADELEINE. — Malheureusement?... Pourquoi?

ABEL. — Il est amoureux de vous, c'est clair... Il a trouvé ce moyen de vous révéler son secret.

MADELEINE. — Etes-vous devenu fou?

ABEL. — Ils sont tous amoureux de vous... mais lui plus que les autres... Nous vivons côte à côte et, comme un imbécile, je ne me suis aperçu de rien. Sale type!

MADELEINE. — Vous venez de me dire que M. René est votre meilleur camarade.

ABEL. — Je le croyais.

MADELEINE. — Il l'est toujours.

ABEL. — Non. Il n'est plus mon ami. Je ne veux plus le voir.

MADELEINE. — Comme ça... tout d'un coup... Et pour m'avoir récité, sur un arbre perché, des vers de Rostand!...

ABEL. — Il savait bien ce qu'il faisait.

MADELEINE. — Etes-vous sûr?

ABEL. — Il savait bien qu'il vous manquait de respect. Si j'avais pu prévoir... il aurait eu affaire à moi, je vous en réponds. Il ne perdra rien pour attendre...

MADELEINE. — Calmez-vous. Je ne comprends pas... non, je ne comprends pas votre exaltation et je vous invite à rester tranquille. Si M. René mérite une observation à ce sujet, il la recevra... mais pas de vous... de moi. Que ce soit bien entendu, n'est-ce pas? (Silence. Le soir est tombé. Elle se lève et va tourner le commutateur.) Voulez-vous, en vous allant, fermer cette fenêtre, je vous prie? Le soir commence à fraîchir. (Il obéit et se dirige vers la porte. Au moment où il va l'atteindre, elle l'arrête :) Monsieur Morin...

ABEL, se retournant. — Madame...

MADELEINE, avec douceur. — Qu'est-ce que vous avez fait de la photographie que vous avez enlevée de cet album ?

ABEL. — Mais, madame...

MADELEINE. — Ne niez pas. A quoi bon? Je sais que c'est vous qui l'avez prise. Rendez-la-moi.

ABEL. — Je vous jure...

MADELEINE. — Si elle est dans votre chambre, allez la chercher et rapportez-la-moi. C'est le cadeau qui me sera le plus agréable... pour ma fête.

ABEL. — Eh! bien, oui... le coupable, c'est moi. J'avais perdu la tête... La veille de partir en vacances, je suis resté seul un moment ici... j'ai feuilleté votre album... et la tentation a été si forte...

MADELEINE. — Que vous n'y avez pas résisté. C'est bon. Faites ce que je vous ai dit.

ABEL. — J'ai la photographie sur moi... mais j'aimerais mieux mourir que de vous la rendre.

MADELEINE. — Allons, ne mourez pas et rendez-la-moi.

ABEL. — Elle ne m'a pas quitté. Personne ne sait que je la possède. Je l'avais enfermée dans une triple enveloppe... et comme les mères visitent parfois les poches de leurs fils, la nuit, je glissais votre portrait sous mon oreiller... Je fais encore la même chose à présent. Je vous en supplie, madame, laissez-la-moi... Il n'y a pas de danger qu'on s'en empare.

MADELEINE. — Je ne suis pas de votre avis.

ABEL. — Je ne vous ai pas encore tout dit.

MADELEINE. — J'en ai assez entendu.

ABEL. — Tout à l'heure vous m'ordonniez de parler.

MADELEINE. — Je ne pouvais pas deviner...

ABEL. — Si. Ça n'était pas difficile. Vous n'aviez qu'à jeter les yeux sur moi... Vous auriez fini par vous apercevoir...

MADELEINE. — Enfin, vous trouvez que j'y ai mis le temps...

ABEL. — Ne vous moquez pas de moi, madame... Au mois de décembre, vous preniez encore quelquefois vos repas avec nous. A table, j'étais en face de vous. Quand vous adressiez la parole à un autre que moi, je me sentais pâlir et, quand vous me parliez, je rougissais. J'étais heureux et puis désolé tout de suite après...

MADELEINE. — Je n'ai pas fait attention.

ABEL. — Non... et c'est bien ce qui me désespérait. Tous les soirs, je me disais : « Demain, sous n'importe quel prétexte, tu lui parleras, et elle te verra si triste qu'elle aura pitié de toi... » Et puis je reculais tant j'avais peur de vous perdre...

MADELEINE. — De me perdre?

ABEL. — Enfin, que vous ne profitiez des vacances du Jour de l'an pour écrire à maman de me garder auprès d'elle.

MADELEINE. — Prenez garde... Les vacances de Pâques approchent... Ce qui est différé...

ABEL. — Oh! vous ne ferez pas ça! Je suis seul sur la terre... Personne ne m'aime... Dites que vous ne ferez pas ça!

MADELEINE. — Vous le mériteriez, pourtant... Heureusement pour vous, j'ai égard aux deux femmes qui vous ont élevé... votre mère et votre grand'mère, envers lesquelles vous êtes ingrat, car vous oubliez que celles-là vous aiment. C'est à elles que vous devriez penser plutôt qu'à moi.

ABEL. — Je ne peux penser qu'à vous. J'ai la tête pleine de vous.

MADELEINE. — C'est insensé!

ABEL. — Je suis jaloux de tout le monde... du docteur Valory surtout, qui vient vous voir tous les jours. Pas besoin de dire qu'il sort d'ici. Je le déteste !

MADELEINE. — Qu'est-ce qu'il vous a fait?

ABEL. — Il fume.

MADELEINE. — Et c'est parce qu'il fume...

ABEL. — L'odeur de son cigare chasse votre parfum et vient sentir mauvais où ça sentait si bon, quand vous aviez passé!

MADELEINE. — On n'est plus chez soi!

ABEL. — Je vous amuse... Que faut-il donc que je fasse pour que vous me preniez au sérieux?

MADELEINE. — Que vous cessiez de l'être. Que vous restiez enfant.

ABEL. — Je ne suis plus un enfant.

MADELEINE. — Tant pis.

ABEL. — Je ne parais pas mon âge... l'âge que la raison me donne.

MADELEINE. — Quel âge vous donne-t-elle donc ?

ABEL. — Vingt-cinq ans... au moins.

MADELEINE. — Et quand vous les auriez, ces vingt-cinq ans, que pouvez-vous attendre, espérer de moi... qui vient d'avoir... beaucoup plus?

ABEL. — Rien. Je vous aime purement.

MADELEINE. — Il le faut bien!

ABEL. — Alors, la différence d'âge n'est pas un obstacle insurmontable entre l'homme qui aime et la femme qui est aimée. L'âge est un préjugé.

MADELEINE. — Jusqu'à un certain âge.

ABEL. — Le grand Balzac, dans sa jeunesse, donna son cœur à une femme mariée qui avait le double de son âge.

MADELEINE. — En vérité!

ABEL. — Oui. Elle avait même des enfants.

MADELEINE. — Beaucoup?

ABEL. — Plusieurs.

MADELEINE. — De Balzac?

ABEL, suffoqué. — Oh!... C'était un lys! *Le Lys dans la vallée.* Il l'adorait. Il pleurait à ses genoux. Elle venait le voir tout près d'ici et il la reconduisait jusqu'au Luxembourg en l'éclairant comme ça, d'un flambeau de vermeil!

MADELEINE. — De vermeil! Et comme ça! Hélas! Je suis veuve, je n'ai pas d'enfants... même plusieurs... et l'éclairage public ne me laisse aucun flambeau à désirer. Je regrette...

ABEL. — Vous êtes mon Henriette de Mortsauf, celle dont Félix de Vandenesse disait : « Je

n'ai jamais rencontré personne de plus jeune fille qu'elle ! »

MADELEINE. — Votre tête est farcie de romans. Vous avez rêvé d'être quelques-uns de vos personnages favoris. Vous avez composé à votre image un recueil de héros choisis. Celui que vous êtes aujourd'hui ne sera plus le même demain vis-à-vis d'une autre femme que moi et plus jeune.

ABEL. — Vous êtes pour moi toutes les femmes en une!

MADELEINE. — Je suis surtout la femme. Vous découvrez un nouveau continent. Tous les jeunes gens sont Christophe Colomb devant la femme.

ABEL. — Vous êtes libre. Je voudrais vous consacrer ma vie tout entière.

MADELEINE. — C'est trop. Vous ne connaissez pas le prix de ce que vous engagez...

ABEL. — Soyez au moins ma bonne fée...

MADELEINE. — Si c'est pour vous protéger contre vous-même, oui, je veux bien être pour vous, mieux qu'une maîtresse de pension sévère et distante...

ABEL. — Mlle Cléringer...

MADELEINE. — Ne dites pas de mal de ma tante ; elle avait bien de la chance d'être à l'abri... Rendez-moi mon portrait.

ABEL. — Non, il m'est plus cher encore à présent. Il vous représente telle que vous voilà... si magnifiquement belle! Il prolonge un éblouissement qui ne s'éteindra qu'avec moi!

MADELEINE. — Rendez-moi ce portrait.

ABEL. — Vous avez tort de ne pas me prendre au sérieux. Je ne m'en dessaisirai pas. Renvoyez-moi plutôt.

MADELEINE. — Non, je ne vous renverrai pas et, si vous m'aimez réellement, vous me le rendrez de vous-même... à bref délai. En attendant, vous allez vous remettre au travail sérieusement, car il s'agit de votre avenir... que vous oubliez. Vous n'êtes donc pas ambitieux?

ABEL. — Oh! si... depuis que je vous connais.

MADELEINE. — Eh bien?

ABEL. — Je terminerai mes études à l'Agro... pour donner satisfaction à maman ; mais après...

MADELEINE. — Qu'est-ce que vous ferez?

ABEL. — Je travaillerai pour devenir digne de vous, pour devenir célèbre.

MADELEINE. — Comme Balzac?

ABEL. — Je verrai.

MADELEINE. — Jusque-là, vous allez vous préoccuper uniquement de passer vos examens. Je l'exige. De temps en temps, vous viendrez m'entretenir de vos progrès, ici, dans ce salon, où personne n'aura fumé, je vous le promets. Ce sera votre récompense.

Il se jette sur sa main qu'il couvre de baisers.

ABEL. — Merci! Vous êtes aussi bonne que belle... Même Arnal, mon meilleur ami, personne ne se doutera qu'il y a un secret entre vous et moi.

MADELEINE. — Je l'espère bien.

ABEL. — Je ne ferai rien parmi les autres pour attirer vos regards sur moi ; mais je les sentirai sans avoir besoin de tourner la tête... Je ne trahirai pas mon émotion quand vous me parlerez... Et je n'aurai plus peur de traverser le désert des grandes vacances, puisque je reviendrai vers vous!

MADELEINE. — Ou vers Mlle Cléringer, si elle est rétablie.

ABEL. — Elle ne le sera pas.

MADELEINE. — Alors, considérez mon rôle ingrat... et ne me rendez pas ma tâche plus difficile.

ABEL. — Vous êtes mon premier amour!

MADELEINE. — Ça laisse de l'espoir.

ABEL. — A qui?

MADELEINE. — A celles qui viendront.

ABEL. — Vous vous moquez encore... C'est pourtant quelque chose de grave qu'une passion sincère.

MADELEINE. — Certes! A l'idée qu'elle inspire un premier amour, une femme est toujours émue intérieurement... mais ça ne l'engage à rien.

ABEL. — Je n'aimerai jamais d'autre femme que vous!

MADELEINE. — Vous en aimerez vingt autres... Mais qui sait? Comme vous n'aurez eu de moi qu'un regard amical et des conseils de sœur, peut-être des images successives recouvriront-elles la mienne sans l'effacer tout à fait. Je ne demande rien de plus. Allons, rentrez chez vous. Ecrivez à votre mère une lettre joyeuse et tendre. Promettez-lui de racheter, pendant le dernier trimestre, les négligences des mois passés... et que la chère femme se dise en vous voyant cette ardeur au travail et cette âme légère : « Qu'est-il donc arrivé à notre enfant gâté... pour qu'il nous gâte ainsi? »

ABEL. — Oui... oui... Je vais mériter mon bonheur!

MADELEINE, *le regardant sortir.* — Pauvre petit !... C'est qu'il ne fait pas semblant... Il n'est pas au bout de ses peines...

Scène XV

MADELEINE, VALORY

VALORY. — Eh! bien, Madeleine, je vous attends... Vous n'êtes pas prête?

MADELEINE. — Si... mais cette belle soirée... un peu de lassitude... Vous tenez beaucoup à l'Opéra?

VALORY. — Comment, si j'y tiens! Et nos places qui sont louées!...

MADELEINE. — Vous ne trouvez pas qu'on serait mieux ici... auprès l'un de l'autre... Vous me diriez des choses tendres et je les écouterais en regardant ce ciel profond où tant d'étoiles ne laissent que l'embarras du choix.

VALORY. — Nous l'aurons encore demain... tandis qu'on ne joue pas souvent *Rigoletto.*

MADELEINE. — Les beaux soirs ne se suivent pas non plus!

VALORY. — Mais si... Le baromètre est au beau fixe... *(Il lui met son manteau sur les épaules.)* Venez... venez... Nous n'arriverons pas au lever du rideau. *(Elle promène un long regard autour d'elle.)* Vous cherchez quelque chose?

MADELEINE. — On a toujours peur d'oublier quelque chose... Allons!...

RIDEAU

ACTE III

Un ancien atelier de peintre converti en salle d'étude : table, chaises, tableau noir, corps de bibliothèque en bois blanc, garnie de livres et de papiers. Des affiches et des illustrations en couleur garnissent les murs. On aperçoit par les ouvertures le faîte d'un marronnier et le dôme de l'Observatoire.

A gauche, porte de la chambre de Géodésias. Autre porte d'entrée, à droite.

Scène première

GEODESIAS, RENE, LARDIN

Au lever du rideau, Géodésias, armé d'une paire de ciseaux, est en train de se couper lui-même les cheveux devant un miroir grossier suspendu à un clou.

LARDIN. — Voyons, monsieur Géodésias... vous n'allez pas refuser de nous écouter... Laissez-nous plaider les circonstances atténuantes, au moins.

RENÉ. — A notre âge, somme toute, on est pardonnable...

LARDIN. — Si Mme Hazelaire ne comprend pas, c'est malheureux.

GÉODÉSIAS, il se retourne vers eux, les ciseaux à la main. — C'est malheureux pour vous, oui. Tant pis! Tenez, j'ai eu tort de vous recevoir... je viens de m'entamer la peau, ça saigne!

RENÉ, regardant. — Non, ce n'est rien... (Offrant ses services.) Voulez-vous me permettre d'achever?

GÉODÉSIAS. — Fichez-moi la paix! Je n'ai pas besoin de vous!

RENÉ. — Là, par-derrière, je vous assure qu'il y a une petite échelle à faire disparaître...

GÉODÉSIAS. — Eh bien, laissez-la... c'est mon affaire.

RENÉ. — Vous ne pourrez pas.

GÉODÉSIAS. — Encore une fois, fichez-moi la paix! Vous voilà bien avancés. Quand je vous disais que tout ça finirait mal. Vous m'aviez promis de ne pas découcher et c'est à cette condition-là seulement que je vous prêtais une clef qui vous permettait de sortir sans sauter le mur. Vous avez trahi ma confiance... et qu'est-il arrivé ? Ce qui devait arriver : le concierge vous a surpris rentrant à cinq heures du matin.

RENÉ. — Nous avions moins de chances d'être pincés qu'à minuit.

GÉODÉSIAS. — Alors, vous l'avez fait exprès?

RENÉ. — Non, je ne dis pas ça.

GÉODÉSIAS. — C'est encore heureux.

LARDIN. — Le père Gervais ne nous a peut-être pas reconnus.

GÉODÉSIAS. — Il est probable, en tout cas, qu'il a signalé à Mme Hazelaire la rentrée matinale et clandestine de deux pensionnaires. Vous ne pensez pas que je vais laisser les soupçons s'égarer sur vos camarades?

RENÉ. — Oh! nous ne vous demandons pas ça.

LARDIN. — Vous pouvez toujours nier... dire que le père Gervais a eu la berlue.

GÉODÉSIAS. — Être encore davantage votre complice, enfin, un peu plus, un peu moins... Ah! je ne sais pas si vous avez été cette nuit dans de jolis draps... mais vous m'y mettez... et ce ne sont pas les mêmes. Eh bien! savez-vous ce que je vais faire si Mme Hazelaire m'interroge? Je lui dirai : « Faites appel à la loyauté de vos pensionnaires, les coupables se dénonceront. »

LARDIN. — Et si nous sommes mis à la porte... deux mois avant les examens?

GÉODÉSIAS. — Tant pis! Débrouillez-vous.

LARDIN. — Oui, c'est le cas de le dire : « Ne compte sur personne pour te tirer d'embarras. *Sois ton sauveur!* »

GÉODÉSIAS. — Très touché, mon cher enfant, de cette allusion à une brochure de propagande qui m'a valu un mois de prison... que je n'ai pas fait... et mille francs d'amende... que je n'ai pas payés, c'est vrai. On ne saurait me rappeler plus délicatement que je suis l'auteur du pamphlet.

RENÉ. — Lardin n'avait pas l'intention de vous offenser.

GÉODÉSIAS. — M'offenser? Mais je ne la renie pas, cette brochure de jeunesse! Je voudrais bien ravoir l'âge que j'avais quand je l'écrivais... et la récrire!

RENÉ. — Elle est impatiente de justice.

GÉODÉSIAS. — Vous l'avez lue?

RENÉ. — Oui.

GÉODÉSIAS. — Vous avez lu sur le feuillet de garde : « Du même auteur, à paraître : *Ni Dieu, ni maîtresse, chants de liberté!* » Dans un pamphlet, qu'on est bête à vingt ans! On ne prévoit pas qu'on en aura cinquante et que plus on avancera en âge, plus on sera tenté de rattraper le temps perdu en adorant ce qu'on a brûlé, pour voir la différence. Si j'ai changé ? Je crois bien ! Voyager en soi, c'est changer. Les idées fixes sont si ennuyeuses! J'ajouterai que c'est toujours par la bêtise des gens de mon parti que j'ai été jeté dans le parti adverse.

Et ceci vous explique la fréquence de mes conversions.

RENÉ. — Elles étaient désintéressées?

GÉODÉSIAS. — Ça, oui. Et puis, si je suis une vieille girouette, elle ne grince pas.

RENÉ. — On vous respecte infiniment, monsieur Géodésias.

GÉODÉSIAS. — J'aimerais mieux... être aimé.

LARDIN. — On vous aime. Si je vous ai froissé bien involontairement, je vous demande pardon.

GÉODÉSIAS. — Allons, n'en parlons plus.

RENÉ. — Soyez notre sauveur.

GÉODÉSIAS. — Je vais essayer... si toutefois Mme Hazelaire me fait appeler. D'autant plus que je veux répondre à ses reproches par quelques petites observations d'ordre général qui lui donneront à réfléchir.

LARDIN. — Vous n'obligerez pas des ingrats. Je vous en prie, laissez-moi vous donner un petit coup de ciseaux... là...

GÉODÉSIAS. — Je veux bien, mais faites vite. Vous ne trouvez pas qu'on manque d'air, ici? C'était peut-être un bel atelier de peintre ; comme salle d'étude, il y a mieux que cette couveuse, l'été, et cette glacière, l'hiver. Ouvrez donc la fenêtre. (Lardin obéit, tandis que René se met en devoir de couper les cheveux à Géodésias, assis sur une chaise en face de la fenêtre dans le cadre de laquelle on aperçoit les feuilles d'un vaste marronnier.) Regardez-moi ces marronniers... ils étrennent leur toilette d'été... Sont-ils beaux ! Je les ai vus fleurir... Ils ont senti mon amitié pour eux et ils poussent leurs feuilles jusqu'ici pour me toucher la main... (La tête du jardinier apparaît à la fenêtre.) Qu'est-ce que vous faites là, sur votre échelle, père Noël? Une taille de cheveux, vous aussi?

LE PÈRE NOËL. — Je taille le lierre. Laissez-lui prendre un pied chez vous à ce luxurieux-là, il en aura bientôt pris quatre!

GÉODÉSIAS. — Coupez, coupez...

RENÉ. — Le salon de coiffure s'agrandit, voilà tout.

GÉODÉSIAS, se levant. — Là... merci.

LARDIN. — Un petit coup de brosse, monsieur Géodésias?

GÉODÉSIAS. — Merci. Et maintenant, mes enfants, retournez dans votre chambre vous mettre comme moi à votre aise... Nous travaillerons ce soir. Prévenez Morin... et ramenez-le en revenant après dîner.

RENÉ. — Oui, monsieur Géodésias.

Au moment où René et Lardin vont sortir, Karoline se présente à la porte, du linge sur les bras. Ils s'effacent pour la laisser entrer.

Scène II

GEODESIAS, KAROLINE, LE PERE NOEL

KAROLINE. — Je rapporte le linge de monsieur. Je le rangerai tantôt dans l'armoire.

Elle entre dans la chambre de Géodésias et en sort presque aussitôt.

GÉODÉSIAS, bourrant sa pipe. — Rangez, Karoline, rangez-en surtout le plus possible. La semaine dernière, il me manquait encore deux mouchoirs. Les a-t-on retrouvés?

KAROLINE. — Non, monsieur... En colère... Madame.

GÉODÉSIAS. — Pour ça?

KAROLINE. — Non. Après les pensionnaires qui sont rentrés ce matin, piano, piano, par la petite porte du jardin.

GÉODÉSIAS. — Ah! Mme Hazelaire sait?...

KAROLINE. — Choléra l'a avertie.

GÉODÉSIAS. — Qui appelez-vous Choléra?

KAROLINE. — Le portier.

GÉODÉSIAS. — Quand l'a-t-il avertie?

KAROLINE. — Tout à l'heure.

GÉODÉSIAS. — Peut-être serait-ce le moment d'aller faire un tour au Luxembourg ou ailleurs.

LE PÈRE NOËL, à la fenêtre. — V'là Madame!

GÉODÉSIAS. — Elle vient ici?

LE PÈRE NOËL. — Oui, et pas contente...

Il disparaît.

KAROLINE. — J'me fais la paire!

Elle sort.

GÉODÉSIAS. — Elle se fait la paire! Et l'on dira que la langue française s'apprend difficilement!

Il éteint sa pipe.

Scène III

MADELEINE, GEODESIAS

MADELEINE. — Je voudrais avoir un instant d'entretien avec vous, monsieur Géodésias.

GÉODÉSIAS. — Tout à votre disposition, madame. Prenez donc la peine de vous asseoir.

MADELEINE. — Merci. (Elle reste debout.) J'ai pensé que nous serions ici moins dérangés que chez moi... Je suis très mécontente... vous entendez, très mécontente. Je ne vous rends pas responsable de tout ce qui se passe d'anormal dans la pension depuis quelque temps ; mais ce que je viens d'apprendre dénote, néanmoins, de votre part, un tel manque de surveillance...

GÉODÉSIAS. — Qu'avez-vous appris?

MADELEINE. — Si vous ne le savez pas, c'est encore plus singulier. Deux pensionnaires ont découché la nuit dernière.

GÉODÉSIAS. — Ils ont eu tort.

MADELEINE. — Ils sont sortis et rentrés aussi facilement que s'ils avaient eu en leur possession une des deux clefs de la porte du jardin. Or, l'une de ces clefs n'a pas quitté mon trousseau et je vous ai remis l'autre.

GÉODÉSIAS. — Elle doit donc être là. (Il ouvre un tiroir.) Elle y est : la voici!

MADELEINE. — On peut vous l'avoir dérobée.

GÉODÉSIAS. — Aucun de mes élèves n'est capable...

MADELEINE. — Alors, comment expliquez-vous?

GÉODÉSIAS. — Une seule chose me paraît explicable.

MADELEINE. — Laquelle, je vous prie?

GÉODÉSIAS. — Mais... l'effervescence de ces jeunes gens.

MADELEINE. — Ah!

GÉODÉSIAS. — J'aime mieux être leur répétiteur que leur gardien.

MADELEINE. — Votre indulgence ne va pas toutefois jusqu'à vous désintéresser absolument de cette... effervescence, comme vous dites?

GÉODÉSIAS. — Ah! si vous croyez, madame, que l'on peut contenir les effets du printemps!

MADELEINE. — Je ne vois pas ce que le printemps...

GÉODÉSIAS. — Vous n'avez donc jamais regardé ces jeunes gens jouer dans le jardin, là, sous vos fenêtres? Leur sang bout comme la sève dans ces arbres. C'est une éclosion universelle, formidable ! Ils ont dix-huit ans, madame, et l'air est plein d'effluves... Cette jeunesse ne s'appartient plus : c'est une force de la nature. Le printemps chante, il chante même à tue-tête.

MADELEINE. — On ne peut pas l'ignorer. C'est leur refrain favori.

GÉODÉSIAS. — Qu'est-ce que vous voulez que j'y fasse? Ah! souhaitons, madame, que le vice n'ait jamais d'autre visage que celui de ces adolescents! Ils ne sont pas morphinomanes, ne fument pas l'opium, ne prisent pas la coco, suivent les femmes, exclusivement, et n'ont enfin que des curiosités conformes aux lois de la nature. Tout ça mérite quelque bienveillance.

MADELEINE. — Je n'en disconviens pas.

GÉODÉSIAS. — La province nous les envoie comme des primeurs pas tout à fait mûres, afin de supporter le voyage... Mais à présent qu'elles sont arrivées, allez donc les empêcher de perdre leur duvet! Dix-huit ans! Je les ai eus, moi aussi. Et je les ai eus à Paris... Je sais ce que c'est.

MADELEINE. — C'est plus sérieux à Paris qu'ailleurs ?

GÉODÉSIAS. — Je crois bien ! Le printemps de Paris est, de tous les printemps du monde, le plus précoce. Il avance de trois ou quatre ans sur les autres printemps.

MADELEINE. — Alors?

GÉODÉSIAS. — Alors il faut, bon gré mal gré, être précoce avec lui.

MADELEINE. — Pour vous, c'est inévitable?

GÉODÉSIAS. — Pour moi... maintenant non... mais pour eux, dame!... Et puis...

MADELEINE. — Et puis? Dites...

GÉODÉSIAS. — Eh bien, il ne faut pas enflammer une allumette auprès d'un baril de poudre si l'on ne veut pas qu'il fasse explosion.

MADELEINE. — J'enflamme une allumette?...

GÉODÉSIAS. — Vous avez introduit dans cette pension... dans cette pension de famille...

MADELEINE. — J'entends bien. Poussez les battants de cette fenêtre, voulez-vous ? Qu'est-ce que j'ai introduit dans cette pension de famille?

GÉODÉSIAS. — Le principe le plus actif, la cause de perturbation par excellence : la Femme!... et cela malgré vous, quelles que soient vos bonnes intentions.

MADELEINE. — Ce qui veut dire que ma tante, elle, n'était pas une femme?

GÉODÉSIAS. — Non. Mme Cléringer n'était qu'une maîtresse de pension.

MADELEINE. — Il y a un modèle courant?

GÉODÉSIAS. — Il y en a un, n'en doutez pas... et il est dépourvu de sexe.

MADELEINE. — Ma tante n'a pas toujours eu soixante ans, pourtant!

GÉODÉSIAS. — Elle a toujours paru les avoir. Tout est là. Elle est réformée dans sa nature comme dans sa religion.

MADELEINE. — Et moi, je ne le suis pas?

GÉODÉSIAS. — Par quoi le seriez-vous ? Par le veuvage ? Le veuvage n'est souvent qu'un attrait de plus. Par le physique ? Regardez-vous et vous comprendrez l'agitation de ces lycéens montés en graine.

MADELEINE. — Bref, vous me considérez ici comme un dissolvant.

GÉODÉSIAS. — Ne me faites pas dire...

MADELEINE. — Si, si. Je veux savoir ce que vous avez ou ce que j'ai à me reprocher...

GÉODÉSIAS. — Eh bien! Comme si votre présence invisible n'était pas encore assez troublante, l'application de votre méthode a créé entre vos pensionnaires et vous une sorte d'intimité... périlleuse.

MADELEINE. — Ils s'en plaignent?

GÉODÉSIAS. — Au contraire! Ils en redemandent! Vous n'êtes plus pour eux la petite cousine lointaine... Vous vous rapprochez...

MADELEINE. — N'oubliez pas...

GÉODÉSIAS. — Ils se rapprochent, si vous aimez mieux ça, en venant, chaque dimanche, en permission chez vous.

MADELEINE. — Où est le mal? Ce ne sont plus des internes ; ce sont des collégiens libérés. Je m'efforce de les préparer à la vie sociale qui les attend.

GÉODÉSIAS. — Etes-vous bien sûre que leur éducation vous regarde?

MADELEINE. — On me les a confiés.

GÉODÉSIAS. — On les a confiés à Mlle Cléringer.

MADELEINE. — C'est la même chose. Vous n'allez pas me dire qu'une tasse de thé...

GÉODÉSIAS. — Ce n'est pas le thé qui les attire ici, c'est la verseuse.

MADELEINE. — Oui, je sais... quelqu'un m'a déjà dit ça.

GÉODÉSIAS. — On vous l'a dit trop tôt... et je vous le répète trop tard. Quand le thé est versé...

MADELEINE. — Prenez garde à ce que vous dites.

GÉODÉSIAS. — Je dis simplement, respectueusement, que ce thé enivrant... [illegible] tout ça n'est pas fait pour faciliter le travail à mes élèves. Mettons-nous à leur place.

MADELEINE. — Je vous prie de m'en [illegible]

GÉODÉSIAS. — Pardon ! Je ne vous apprendrai pas que leurs dernières notes sont franchement mauvaises.

MADELEINE. — Vous m'en avez avertie?

GÉODÉSIAS. — Oui... à plusieurs reprises...

MADELEINE. — Vous ne l'avez pas fait avec assez de fermeté. J'aurais avisé. Je me serais peut-être rendue à vos observations si vous me les aviez soumises plus tôt.

GÉODÉSIAS. — C'était délicat.

MADELEINE. — Mon initiative, pourtant, n'a pas donné que de fâcheux résultats. Le jeune Morin, par exemple, qui travaillait si mal l'année dernière et que j'ai stimulé en le raisonnant... j'ai eu tort?

GÉODÉSIAS. — Puisque vous me parlez de ce gentil garçon... que j'aime bien, il a l'air de travailler mieux, c'est vrai, mais il travaille en pure perte. Il ne s'assimile rien. Il ratera ses examens. La plupart de ses camarades aussi, d'ailleurs. Ils n'ont pas l'esprit à ça.

MADELEINE. — Et je serai la cause de cet échec?

GÉODÉSIAS. — Oui et non.

MADELEINE. — Trop aimable. Je n'ai plus qu'à vous remercier de votre leçon.

GÉODÉSIAS. — Oh! les leçons d'un professeur...

MADELEINE. — Je vais, cependant, mettre la vôtre à profit, monsieur Géodésias. Ecoutez-moi bien... Je comptais ne vous faire part de mes résolutions qu'à la fin de l'année scolaire, mais vous venez de me tracer ma conduite. Financièrement, je reconnais avoir été un assez mauvais administrateur. Peu importe, ma tante ne s'apercevra pas du déficit. Pour le reste, je fais amende honorable autrement. La pension ne sera rouverte, l'hiver prochain, ni par ma tante, hélas!... ni par moi. Les familles vont en être avisées. Ce n'est pas tout. J'ai encore une nouvelle à vous apprendre. Je me remarie, monsieur Géodésias. J'épouse le docteur Valory... plus tôt que je n'avais l'intention de le faire. Je redeviendrai ainsi, pour ces jeunes gens, la cousine lointaine à laquelle vous me compariez.

GÉODÉSIAS. — Le docteur Valory n'en fera pas moins d'envieux pour cela.

MADELEINE. — La seule chose certaine, c'est que la liquidation s'impose. En attendant, je ne donnerai aucune suite à l'incident de la nuit dernière. Mais je verrai, ce soir, les pensionnaires avant ou après dîner et je leur dirai à quoi s'exposent les coupables en recommençant.

GÉODÉSIAS. — Je les en informerai de mon côté. Au revoir, madame, mes hommages. Mais si, mais si... (Elle sort.) L'orage s'éloigne... C'est le moment ou jamais de fumer une bonne pipe!

Scène IV

GEODESIAS, RENE, LARDIN

RENÉ. — On guettait le départ de la patronne. On peut entrer?

GÉODÉSIAS. — Oui, oui.

LARDIN, reniflant. — Diable! pas besoin de dire que vous avez reçu sa visite...

GÉODÉSIAS. — Le fait est que l'odeur du café grillé est préférable. Mais on peut donner de l'air.

RENÉ. — C'est bien à notre sujet que Mme Hazelaire est venue?

GÉODÉSIAS. — A votre sujet, oui.

RENÉ. — Elle n'avait pas le sourire?

GÉODÉSIAS. — Non. Mais rassurez-vous : l'enquête est ouverte et fermée. Je n'ai même pas eu à vous sauver la mise. Il m'a suffi d'élargir le débat. Elle n'a pas insisté.

RENÉ. — Merci, monsieur Géodésias, car sans vous...

GÉODÉSIAS. — Oh!

RENÉ, l'imitant. — Mais si... mais si...

GÉODÉSIAS. — Attendez. Si vous aviez l'intention de récidiver, j'ai comme une idée que vous seriez rendus à vos familles dans les vingt-quatre heures.

LARDIN. — Ah!

GÉODÉSIAS. — Malheureusement votre fugue aura pour vos camarades des conséquences plus graves... Je parle de ceux qui comptaient revenir ici l'année prochaine... L'état de Mlle Cléringer ne paraissant pas devoir s'améliorer, Mme Hazelaire liquidera la pension à la fin de juillet.

RENÉ. — Elle a dit ça dans un mouvement d'humeur.

LARDIN. — Elle reviendra sur sa décision.

GÉODÉSIAS. — Je ne le crois pas... et il y a une raison majeure pour que je ne le croie pas : elle va se remarier.

RENÉ. — Vous êtes sûr?

GÉODÉSIAS. — Je m'en doutais un peu... mais le secret avait été bien gardé. La date du mariage serait seulement avancée.

RENÉ. — C'est embêtant parce que la boîte avait du bon, somme toute. J'espérais bien y faire ma troisième année de Sciences Po...

LARDIN. — Moi, j'aurai fini, je m'en f...!

RENÉ. — Oui, mais probable que monsieur Géodésias, lui, ne s'en f... pas plus que nous.

GÉODÉSIAS. — Oh! ne vous préoccupez pas de moi : sois ton sauveur!

LARDIN. — Vous m'en voulez, monsieur Géodésias?

GÉODÉSIAS. — Moi? Détrompez-vous!

LARDIN. — Oh! vous dites ça...

GÉODÉSIAS. — Je me débrouillerai. Je repartirai en exploration. Est-ce que je ne suis pas une vieille malle dont les étiquettes se recouvrent les unes les autres? La malle paraît lourde... Ne pas se fier aux apparences : elle est soulagée, au contraire, de tout ce que je laisse en chemin!

LARDIN. — Enfin, ça n'est plus qu'une trousse de voyage contenant les objets de toilette indispensables.

GÉODÉSIAS. — De toilette intellectuelle et morale.

LARDIN. — C'est ce que je voulais dire.

GÉODÉSIAS. — Je meurs de soif. J'ai affaire rue Notre-Dame-des-Champs. Accompagnez-moi jusqu'à la Closerie des Lilas, nous y prendrons un bock...

LARDIN, à René. — On y va?

RENÉ. — Non. J'attends Morin qui est en train de potasser ses maths... Nous irons plutôt vous rejoindre.

GÉODÉSIAS. — A votre aise.

RENÉ. — Je peux rester là un moment (Montrant le tableau noir.) pour blanchir le nègre?

GÉODÉSIAS. — Mais oui, mon cher enfant. Il est là pour ça.

Il sort avec Lardin.

Scène V

RENE, ABEL

RENÉ. — Brave père Géo! Où a-t-il mis la craie? (Il cherche.) Il a peut-être sucré son café avec... Il est assez distrait pour ça...

Ayant trouvé un morceau de craie, il commence une démonstration au tableau.

ABEL, entrant. — J'ai un mal de tête fou.

RENÉ. — Prends un cachet d'aspirine.

ABEL. — Je n'en ai plus... Je venais en demander un au père Géo.

Il s'assied.

RENÉ. — Il vient de sortir avec Lardin. Il avait besoin de prendre l'air, car, il a beau dire, c'est un sale coup pour lui surtout.

ABEL. — Quoi?

RENÉ. — C'est vrai, tu ne sais pas... Mais si tu as la migraine on pourrait commencer par ouvrir la fenêtre... Cette odeur que la patronne a laissée en partant...

ABEL. — Ça ne fait rien, elle ne m'incommode pas.

RENÉ. — Ah! elle ne passe nulle part inaperçue, celle-là! Dire que je ne saurai jamais avec quel mélange à base d'œillet elle se poivre.

ABEL. — Ne cherche pas, va. Qu'est-ce que Mme Hazelaire est venue faire ici?

RENÉ. — Tu le demandes! Elle tenait à savoir quels sont les deux pensionnaires qui ont découché, parbleu!

ABEL. — C'est embêtant pour vous.

RENÉ. — Tu peux le dire! Elle ne va plus penser qu'à ça.

ABEL. — Tu exagères.

RENÉ. — Evidemment. Elle a d'autres sujets de préoccupation... En tout cas, elle en donne un, et pas drôle, à notre père Géo. Il ne trouvera pas facilement une autre pension comme celle-ci.

ABEL. — Il n'est pas question de le remplacer?

RENÉ. — Non... mais Fleur-des-Neiges lui a tout de même signifié son congé... et à nous aussi...

ABEL. — Qu'est-ce que tu dis?

RENÉ. — La vérité. La patronne fermera la pension aux vacances et ne la rouvrira pas.

ABEL, se levant. — Tu crois ça?

RENÉ. — J'ai les meilleures raisons du monde pour le croire.

ABEL. — Allons donc! des bobards!...

RENÉ. — Ce qui m'étonne, c'est qu'elle ne t'en ait rien dit, à toi qu'elle honore de leçons particulières.

ABEL. — Tu es jaloux?

RENÉ. — Hé! au début, oui... j'ai éprouvé un petit sentiment de jalousie... (Abel hausse les épaules.) Chouchou du père Géo, passe encore... Chouchou de la patronne, je me disais, et je n'étais pas le seul : « Pourquoi pas moi? »

ABEL. — Plus bêtes les uns que les autres!

RENÉ. — Oui, c'est vrai que nous avons été tous plus ou moins amoureux d'elle. Elle a troublé notre sommeil de visions voluptueuses. Et puis, on a cherché dehors des dérivatifs... C'est pas une raison parce qu'elle est de marbre pour qu'on soit de bois.

ABEL, après avoir arpenté la chambre fébrilement, s'arrêtant devant René. — T'as bientôt fini?

RENÉ. — Nous aurons tous bientôt fini, hélas! et le moins affligé ne sera pas moi, qui comptais bien faire ici ma troisième année de Sciences Po..., en même temps que toi ta seconde d'Agro.

ABEL. — Qui nous en empêchera?

RENÉ. — L'écriteau!

ABEL. — Quoi?

RENÉ. — L'écriteau sur la maison : *Fermée pour cause de mariage.*

ABEL. — Si c'est une plaisanterie...

RENÉ. — Le père Géo ne plaisantait pas tout à l'heure, je t'assure, quand il nous a annoncé le mariage de la patronne avec le docteur Valory.

ABEL, se jetant sur lui. — Tu mens!

RENÉ. — Qu'est-ce qui te prend?

ABEL. — Et veux-tu que je te dise, espèce de tartuffe, pourquoi tu as plaisir à colporter cette nouvelle absurde? Parce que tu es jaloux... Oui, tu as beau t'en défendre, tu es jaloux... Vous êtes tous jaloux parce qu'elle s'occupe de moi... Alors, tout ce qui peut faire injure à une femme irréprochable... tu entends... irréprochable... tu le déballes, tu le renifles, tu le tripotes... Les crapauds... coâ, coâ!... Tu es heureux de baver sur la plus chaste créature, de la rabaisser au niveau de tes conquêtes habituelles, bonniches de Montparnasse et poules du Quartier... Toi et les autres, vous ne pouvez pas voir une honnête femme sans la salir!

RENÉ. — Je ne vois pas ce qu'il y a de malpropre dans le fait d'épouser le docteur Valory.

ABEL. — Tais-toi!

RENÉ. — C'est de Mme Hazelaire elle-même que le père Géo tenait la nouvelle. Après tout, libre à toi de ne pas y ajouter foi...

ABEL, dans un cri étouffé. — Tais-toi!... Tais-toi!

Il éclate en sanglots.

RENÉ. — Pauvre gosse! Tu l'aimais tant que ça? Je m'en doutais bien un peu. Tu n'étais plus le même vis-à-vis de moi. Tu m'évitais. C'est le danger de faire du plat, on laisse tout le monde dans l'incertitude.

ABEL. — Tu es fixé maintenant.

RENÉ. — Non. J'ai pu te faire enrager, mais je n'ai pas voulu te faire de la peine.

ABEL. — Tu n'as pas de confidences à recevoir de moi.

RENÉ. — Tant pis. Je ne suis plus ton ami?

ABEL. — Je n'ai pas d'amis. Je suis bien malheureux!

Il se cache la tête dans les mains.

RENÉ. — Je le vois bien.

ABEL. — Non. Tu ne peux pas savoir... Tu n'as pas passé par là.

RENÉ. — Peut-être que si... mais en marchant vite, au lieu de m'arrêter comme tu fais. (Un silence.) Il y a longtemps?

ABEL. — Quoi?

RENÉ. — Le coup de foudre?

ABEL. — Je ne sais pas ce que tu appelles le coup de foudre : il me semble que je l'ai toujours aimée!

RENÉ. — Et, naturellement, elle ignore que tu l'aimes?

ABEL. — Non.

RENÉ. — Tu lui as fait l'aveu?... Quand ça?

ABEL. — Le soir de sa fête, après votre départ, quand elle m'a retenu... à propos d'une lettre qu'elle avait reçue de maman.

RENÉ. — L'attaque brusquée... Bon! Et elle t'a encouragé?

ABEL. — Elle ne m'a pas découragé, puisqu'elle m'a permis de garder son portrait.

RENÉ. — Elle te l'a donné?

ABEL. — Non. Je le lui avais dérobé. Je l'ai là.

Il se touche la poitrine.

RENÉ. — Et après?

ABEL. — Après quoi?

RENÉ. — Quand tu allais, avec sa permission, lui présenter tes devoirs, ceux de l'école et ceux de la civilité puérile et honnête?

ABEL. — Eh bien?

RENÉ. — Je présume que tu faisais des progrès dans ses bonnes grâces... Il n'y a que le premier pas qui coûte et c'est la déclaration. A partir de ce moment-là, qui n'avance pas recule.

ABEL. — Oui, je comprends. Tu trouves que j'ai été ingénu, maladroit... dis le mot, va, une gourde.

RENÉ. — Je ne le dis pas. Mais la possession, il me semble que c'est quelque chose comme le drapeau sur l'ouvrage terminé. On le termine plus ou moins vite, mais il faut toujours en arriver là.

ABEL. — Oui, à ma place, tu aurais mieux su t'y prendre.

RENÉ. — Ça n'est pas sûr.

ABEL. — Si. Tu t'imagines que Mme Hazelaire est une femme comme les autres, enfin, capable de se donner comme ça... de but en blanc.

RENÉ. — Et quand tu dis en blanc... car enfin... (Abel hausse les épaules.) Non, je ne prétends pas qu'elle est prête à se jeter dans la gueule du loup... mais elle en sent constamment l'haleine sur ses bras, ses épaules, son visage... et dame! à ce régime-là, une femme s'expose à être dévorée un jour ou l'autre.

ABEL. — Pas elle!

RENÉ. — Elle aussi... ne fût-ce que par son futur mari.

ABEL. — Son mari! Penser qu'elle va appartenir, qu'elle appartient déjà peut-être à cet homme, c'est abominable!

RENÉ. — Tout à l'heure, tu la vénérais ; à présent tu la traites comme du pain rassis... Pas de doute : tu l'aimes.

ABEL. — Lui, je le hais! Crois-tu qu'on m'acquitterait si je le tuais?

RENÉ. — Essaie. C'est une affaire de mode. Il y a des années où les crimes passionnels sont punis et des années où ils sont absous.

ABEL. — Qu'est-ce que ça pouvait lui faire de continuer à vivre comme elle vit, puisque je ne demandais rien de plus?

RENÉ. — Elle n'a pas réfléchi. C'est une égoïste.

ABEL. — Elle est perdue pour moi et je ne peux pas vivre sans elle.

RENÉ. — Des bêtises! Elle n'est pas perdue pour toi parce que ce monsieur l'épouse. Le temps et le mari travailleront pour toi. Tu n'es pas pressé, tu l'as bien fait voir.

ABEL. — Ne te fiche pas de moi, je te prendrais en grippe.

RENÉ. — Tu nous as tous pris en grippe.

ABEL. — Moi?

RENÉ. — Oui, toi... à partir du jour où tu nous as regardés comme des rivaux. Tu ne t'en apercevais pas, mais c'est la vérité. Eh bien, veux-tu que je sois franc? J'ai failli l'être, ton rival, un jour, c'est vrai.

ABEL. — Je le sais bien.

RENÉ. — Non, tu ne le sais pas. Du haut de mon arbre, le soir de sa fête, le madrigal que je lui adressais au nom de nous tous, j'ai eu envie de le prendre à mon compte, oui, et de courir ma chance à mes risques et périls.

ABEL. — Qu'est-ce qui t'as retenu de le faire?

RENÉ. — Toi. Tu étais mon ami ; je me suis dit que ça ne serait pas chic de ma part d'aller sur tes brisées... et j'ai laissé mon madrigal au fonds social... à la communauté ; mais j'ai tout de même eu pendant huit jours une certaine somme de vague à l'âme. Oh! sois tranquille, va, je l'ai dépensée!

ABEL. — Je te demande pardon d'un mouvement de vivacité. Je ne savais pas, comme à présent, ce qui me reste à faire.

RENÉ. — Allons, pas d'enfantillages. Je n'oublie pas que tu es sous ma sauvegarde. Ah! grand gosse! Ecoute-moi... Tu vas commencer par lui renvoyer sa photographie... qui est appliquée là comme un vésicatoire. Très mauvais, les vésicatoires. S'en méfier. C'est convenu?

ABEL. — Je verrai.

RENÉ. — C'est tout vu. Du courage. Il n'en faut pas beaucoup. Mme Hazelaire? c'est déjà de l'histoire ancienne. Une fièvre que tu as eue enfant et qui est en décroissance à partir d'aujourd'hui. Donne-moi ta main... donne-moi ta main, que j'te dis! Tu as une ligne de cœur magnifique! Je ne suis pas de première force en chiromancie, mais je vois ça tout de même. Elles en veulent! Une de perdue, dix de retrouvées! Tu n'as pas encore dix-neuf ans... Répète-toi ça tous les soirs en te couchant et tous les matins aussi. C'est facile. Regarde avec plaisir passer toutes les femmes... Regarde Irma... regarde Karoline. Ne regarde pas, à la rigueur, Mlle Cléringer... Tant pis pour elle! Et surtout ne regarde pas derrière toi. Accomplis le vœu de notre bon roi Henri : mets la poule au pieu tous les dimanches! La vie t'offre une corbeille de fruits : tâte-les... Choisis... On te dira que ça ne se fait pas... laisse dire... Et maintenant es-tu mon vieux copain, oui ou non? Oui. Alors, embrasse-moi... et va te reposer. Ne t'en fais pas. Je dirai au père Géo que tu es fatigué.

ABEL. — Ce que je peux avoir mal à la tête!...

RENÉ. — Un cachet d'aspirine te fera du bien.

ABEL. — Tu crois qu'il y en a dans l'armoire du père Géo? Je vais voir.

RENÉ. — Sa porte n'est pas fermée. Fais comme chez toi. (Il continue à parler tandis que Morin est dans la chambre.) Découcher n'est pas sans inconvénient, certainement... Mais il y en a peut-être davantage à toujours coucher seul comme toi. On s'ennuie. Le sang monte à la tête... Très mauvais... Tu devrais te décongestionner de temps en temps. (A Morin qui rentre.) Tu as trouvé ce qu'il te faut?

ABEL. — Oui, je vais m'étendre une heure sur mon lit. Si je ne descends pas dîner, ne vous occupez pas de moi.

RENÉ. — La photographie?... N'oublie pas. C'est promis? Veux-tu encore un bon conseil? N'écris pas un mot... rien que le portrait sous enveloppe... Ça suffit pour qu'elle voie que tu n'es pas content...

ABEL. — Sois tranquille.

Il sort.

Scène VI

RENE, LE PERE NOEL, puis LARDIN et GIROUX

LE PÈRE NOËL, à la fenêtre, en haut de son échelle. — M. Géodésias n'est pas là?

RENÉ. — Non, Père Noël, vous désirez lui parler?

LE PÈRE NOËL. — Mlle Cléringer n'est pas bien... On a envoyé chercher le docteur... Il est auprès d'elle avec Mme Hazelaire.

RENÉ. — C'est sérieux?

LE PÈRE NOËL. — Je vais tâcher de savoir... Ah! voici vos amis qui rentrent...

Il disparait.

RENÉ, à Lardin et Giroux qui rentrent. — Vous savez la nouvelle?

LARDIN. — On nous f... à la porte?

RENÉ. — Pas encore, mais ça vient. Petit-Beurre file un très mauvais coton. On a fait appeler Valory.

LARDIN. — J'en connais un qui va en faire une maladie.

RENÉ. — Qui ça?

LARDIN. — Morin, parbleu! Son âme a son secret, son cœur a son mystère... mais pour nous et depuis longtemps, ça n'en est pas un... Il a le béguin pour la patronne.

RENÉ. — Nous l'avons eu tous.

GIROUX. — Moins que lui. Il fallait le voir aux réceptions du dimanche. Il en sortait dans tous ses états. (Lardin, cependant, à qui les deux autres tournent le dos, est allé au tableau noir sur lequel il dessine un cœur percé d'une flèche avec cette légende : *A Fleur-des-Neiges pour la vie. — Morin.*) Mais c'est vrai, qu'il n'était pas le seul. Je ne sais pas ce qu'elle fiche dans son thé : de la cantharide!

RENÉ. — Demande ça à Valory.

GIROUX. — Voyez-vous ce docteur, avec son air de ne donner des soins qu'aux malades! C'est la tante qu'il auscultait, mais c'est la nièce qu'il pelotait dans les coins!

A ce moment, René se retourne et voit ce que Lardin a tracé sur le tableau noir.

RENÉ. — Efface ça!

LARDIN. — Mais...

RENÉ. — Efface ça, je te dis! Tu vas encore nous attirer des histoires au père Géo et à nous.

Scène VII

LES MÊMES, RICARD

RICARD. — Le père Géo n'est pas là?... Venez... venez vite!

LARDIN. — Quoi? Petit-Beurre prend congé de nous?

RICARD. — Il s'agit bien d'elle! Morin s'est empoisonné!

GIROUX. — Non!

RENÉ. — Où çà?

RICARD. — Dans sa chambre.

RENÉ. — Avec quoi s'est-il empoisonné?

RICARD. — Avec du sublimé... j'ai vu le flacon... aux trois quarts vide.

GIROUX. — Où a-t-il pris ça?

RENÉ. — Dans l'armoire du père Géo, parbleu!

LARDIN. — Il a pu se tromper.

RENÉ. — Oui... non...

RICARD. — Heureusement, le docteur est, paraît-il, dans la maison, pour n'en pas perdre l'habitude... Karoline est allée le chercher.

RENÉ. — Qu'est-ce qu'on lui a dit?

RICARD. — Qu'un pensionnaire était malade.

RENÉ. — Et s'il est retenu auprès de Mlle Cléringer?

RICARD. — Il a pu la quitter. Je l'ai vu venir.

GIROUX. — Allons... On peut avoir besoin de nous.

Au moment où ils vont sortir, Valory entre.

Scène VIII

LES MÊMES, VALORY

RENÉ. — Docteur... c'est grave?

VALORY. — Non, je ne crois pas... mais pour être malade, il le sera. (Il va s'asseoir à la table pour écrire.) Où s'est-il procuré ce sublimé?

RENÉ. — Il a dû le prendre dans l'armoire de M. Géodésias... par inadvertance. Il se plaignait tout à l'heure d'avoir mal à la tête et cherchait un calmant...

VALORY. — Je ne m'explique pas une pareille erreur. Lequel d'entre vous veut courir chez le pharmacien faire exécuter cette ordonnance? C'est un vomitif énergique...

GIROUX. — Donnez, docteur, j'y vais.

VALORY, à Ricard et Lardin. — Allez auprès de votre camarade. Je vous rejoins dans un instant. (A René.) Restez une minute, je vous prie.

Scène IX

VALORY, RENE

VALORY. — C'était vous le voisin de chambre de M. Morin?

RENÉ. — Oui, monsieur.

VALORY. — Et son camarade?

RENÉ. — Oui, monsieur.

VALORY. — Son camarade seulement ou son ami intime?

RENÉ. — Plutôt son ami intime.

VALORY. — Bien. Alors, il ne vous cachait rien?

RENÉ. — Ça...

VALORY. — Oui, vous ne pouvez jurer de rien. Il n'a pas eu récemment, à votre connaissance, une vive contrariété?

RENÉ. — Ma foi... non... pas que je sache.

VALORY. — Il était sensible, impressionnable?...

RENÉ. — Ça oui...

VALORY. — A la suite de cette contrariété... de cette déception... d'une grosse peine enfin, il n'aurait pas songé... au suicide?

RENÉ. — Oh! à son âge...

VALORY, dont le regard vient de s'arrêter sur l'inscription au tableau noir. — Evidemment. Chagrin d'amour... non? (Geste évasif de René.) Non. On ne meurt pas d'amour, n'est-ce pas?

RENÉ. — Le moins possible.

VALORY. — Parbleu! Dites-moi... vous allez excuser mon indiscrétion... mais je me renseigne...

RENÉ. — Je vous en prie...

VALORY. — C'est bien Mme Hazelaire que vous appelez familièrement, entre vous, Fleur-des-Neiges?

RENÉ, perdant contenance. — Mais... c'est une plaisanterie... une innocente plaisanterie... à laquelle il ne faut pas attacher plus d'importance...

Il va au tableau pour effacer l'inscription ; mais Valory se lève et se place devant le tableau.

VALORY. — N'effacez pas!

RENÉ, insistant. — Cependant...

VALORY, le repoussant. — Vous n'êtes pas ici chez vous.

RENÉ. — Vous non plus. Vous n'avez pas le droit de vous opposer...

VALORY. — Vous vous trompez, j'ai ce droit. Veuillez ne pas oublier à qui vous parlez

RENÉ. — Ça n'est pas très propre, ce que vous faites là!

VALORY. — Qu'est-ce que vous dites? Répétez.

Il lève la main sur René.

RENÉ, lui saisissant le bras et le maintenant. — Ah!... ça, c'est une autre paire de manches!...

VALORY. — Avec des calottes au bout, oui!

RENÉ. — Vous ne m'avez pas regardé...

Scène X

LES MÊMES, MADELEINE

MADELEINE. — Que se passe-t-il?

VALORY. — Rien. Une petite explication avec un de vos pensionnaires qui a la prétention de me donner une leçon de savoir-vivre.

MADELEINE. — Laissez-nous, monsieur Arnal... Nous réglerons cet incident plus tard.

RENÉ, entre ses dents. — S...!

Il sort.

Scène XI

MADELEINE, VALORY

MADELEINE. — Que signifie cette scène ridicule?

VALORY. — Elle n'a été rendue ridicule que par

l'impertinence du plus mal élevé de ces jeunes gens. Vous leur avez laissé prendre un tel pied ici qu'ils se croient tout permis.

MADELEINE. — Là n'est pas la question pour le moment. On me dit que l'un d'entre eux, M. Morin, a failli s'empoisonner en absorbant par erreur quelque chose qui ressemblait à de l'aspirine.

VALORY. — C'est exact.

MADELEINE. — Vous n'avez pas d'inquiétudes? (Il fait un geste de dénégation.) Si c'était sérieux, je pense bien, en effet, que vous seriez auprès de lui plutôt qu'ici.

VALORY. — Je suis ici, à la vérité, pour m'entourer de quelques renseignements sur les circonstances de cet accident... si c'en est un.

MADELEINE. — Vous en doutez?

VALORY. — Maintenant, oui.

MADELEINE. — Que serait-ce... sinon un accident?

VALORY. — Mon Dieu, une tentative de suicide. Appelons les choses par leur nom.

MADELEINE. — C'est assez votre habitude. Mais comme ce jeune homme n'avait aucune raison...

VALORY. — En êtes-vous sûre?

MADELEINE. — Pas de raison que je sache, en tout cas. Et ses camarades, si vous les avez interrogés, doivent être de mon avis.

VALORY. — En êtes-vous sûre?

MADELEINE, s'énervant. — Quand vous répéterez toujours la même chose. Expliquez-vous!

VALORY. — C'est que l'explication doit venir plutôt de vous.

MADELEINE. — De moi? Comment?

VALORY. — Le mot de l'énigme est sans doute dans cette lettre à votre adresse.

MADELEINE. — Que fait-elle entre vos mains?

VALORY. — Je l'ai trouvée sur M. Morin... en lui donnant les premiers soins. (Avant de lui remettre la lettre il la soupèse.) C'est lourd. Il vous en écrit long. Un devoir à corriger ou... une confession...

MADELEINE, après avoir ouvert l'enveloppe et pris connaissance de la lettre, la tendant d'une main tremblante au docteur. — Tenez... vous pouvez lire.

VALORY, lisant. — *Madame, vous n'êtes cause, ni vous, ni personne ici, que je me donne la mort. Mais j'avais besoin d'être protégé et je ne le suis plus. Adieu.* Qu'est-ce que ça veut dire?

MADELEINE. — Je suis bouleversée.

VALORY. — Je le vois bien... mais je ne comprends pas votre émotion, puisque cette tentative de suicide... bien caractérisée à présent... n'est qu'une petite comédie destinée à rendre l'acteur intéressant.

MADELEINE. — Ce que vous dites là est indigne!

VALORY. — Alors, vous êtes troublée pour un autre motif... Pas difficile à deviner. Tout indique suffisamment que cet étourneau vous aimait, que vous le saviez et que son acte est un acte de désespoir.

MADELEINE. — Faites-moi grâce de vos insinuations, elles sont blessantes... Vous n'avez pas l'air de vous en apercevoir.

VALORY. — Je n'insinue pas, je cherche. Il me semble que j'ai un peu le droit de savoir...

MADELEINE. — Vous avez surtout le devoir de respecter un secret... un petit secret d'une telle pureté qu'on se dégraderait soi-même en l'effleurant d'un soupçon.

VALORY. — Je n'avais nullement l'intention de vous offenser en disant que ce jeune homme vous aime, c'est assez clair.

MADELEINE. — Et quand cela serait?

VALORY. — Je m'attribuerais d'abord le don de prophétie, car, le jour où vous avez pris la direction de cette pension, j'ai prévu ce qui arrive. J'ai manqué de fermeté, voilà tout.

MADELEINE. — Le mari qui perce déjà sous le fiancé n'a pas à regretter le temps perdu, il le rattrapera.

VALORY. — Reconnaissez en tout cas que j'étais clairvoyant. On ne joue pas impunément avec le feu.

MADELEINE. — Je n'ai pas joué avec le feu, vous le savez bien.

VALORY. — Vous n'en exerciez pas moins sur tous ces jeunes gens une sorte de fascination.

MADELEINE. — Bien involontaire.

VALORY. — Peu importe. Je vous avais avertie... mais vous n'avez pas voulu m'écouter. Vous vous êtes abandonnée à une sécurité trompeuse... Quand on est environnée, comme vous l'étiez, de convoitises, raison de plus pour ne pas donner des tentations.

MADELEINE. — Encore une fois, ces tentations dont vous parlez, je n'ai jamais eu à les réprimer.

VALORY. — Le désir qui rôde est plus dangereux qu'une attaque brusquée.

MADELEINE. — Pas pour une honnête femme.

VALORY. — Pour une honnête femme surtout.

MADELEINE. — Ce que je peux, à la rigueur, me reprocher, vous allez le savoir... Prenez garde seulement, puisque vous êtes médecin, de n'avoir pas pour mes pudeurs de femme tout le tact qui conviendrait. Vous voulez la vérité... Je vais vous la dire, parce que moi aussi je devine ce qui a dû se passer. C'est de ma faute, en effet. Il y a une heure, ici, j'ai cru devoir annoncer à M. Géodésias notre mariage et la fermeture de la pension à bref délai. Je présume que M. Morin en a été informé par son professeur et le chagrin qu'il en a conçu s'est traduit...

VALORY. — Par une imitation grotesque de *Ruy Blas* : « Triste flamme, éteins-toi! »

MADELEINE. — A dix-huit ans, l'imitation est inévitable. Mais il faut du courage pour se livrer à celle qui risque d'être mortelle.

VALORY. — Enfin, il vous aimait... et ça n'était pas un secret pour vous!

MADELEINE. — Non.

VALORY. — Vous disiez tout à l'heure qu'il n'avait aucune raison de se donner la mort.

MADELEINE. — Je le croyais.

VALORY. — A qui le ferez-vous croire?

MADELEINE. — Je n'ai pas à me disculper.

VALORY. — Vous étiez la confidente de ses pensées intimes et il ne vous aurait pas avertie de ses intentions, si ses calculs étaient déjoués?

MADELEINE. — Ses calculs! Pauvre enfant!... Jamais son attitude vis-à-vis de moi n'a eu ce caractère de chantage. Elle fut toujours au contraire correcte... presque religieuse.

VALORY. — Il était en adoration devant vous, quoi! Il vous considérait comme sa marraine. Chérubin, va! Que son cœur a de peine! Et vous ne l'avez pas flanqué à la porte avec tous les honneurs dus à ses soupirs étouffés?

MADELEINE. — Et je ne l'ai pas mis à la porte, non; et si c'était à refaire, je n'agirais pas différemment.

VALORY. — Vous pouviez au moins le décourager.

MADELEINE. — De quoi? D'avoir pour moi plus que du respect : une dévotion infinie?

VALORY, ironique. — A laquelle vous répondiez par une sollicitude maternelle.

MADELEINE. — Mettons qu'il recherchait auprès de moi une protection... Je n'ai jamais eu à me plaindre de sa hardiesse, je vous le jure ! Il me parlait de son enfance, de sa famille, de ses projets d'avenir... et tout cela, non, tout cela n'était pas sans douceur... J'y sentais ce je ne sais quoi de profond qu'une inclination renfermée ajoute aux confidences.

VALORY. — Si vous avez eu cette impression, vous ne le regardiez pas, en effet, avec les yeux d'une mère.

MADELEINE. — Taisez-vous! Ce que vous dites là est abominable!

VALORY. — Ce n'est pas de ma faute si par vos réticences...

MADELEINE. — Qu'appelez-vous d'abord mes réticences?

VALORY. — Avouez au moins une imprudence de votre part... Avouez quelque chose?...

MADELEINE. — Quoi?

VALORY. — Je ne sais pas, moi... un flirt qui ne tirerait pas à conséquence... Je n'emploie pas la ruse pour vous convaincre de dissimulation... mais lorsque vous niez l'évidence même, il m'est permis...

MADELEINE. — Si c'est l'évidence même, une preuve est inutile.

VALORY. — Il en existe une pourtant... et vous la touchez du doigt.

MADELEINE. — Quelle preuve?

VALORY. — Celle qui est là... entre vos mains... et qui les fait trembler... J'ai tâté cette enveloppe avant de vous la remettre. Elle contient autre chose qu'un billet d'adieu... Qu'est-ce qu'elle contient?

MADELEINE. — Voyez vous-même.

Elle lui tend l'enveloppe qu'il ouvre.

VALORY. — Votre portrait ! Je n'y avais pas pensé!... C'est admirable!

MADELEINE. — Oui, mon portrait.

VALORY. — Il n'aurait pas à vous le rendre si vous ne le lui aviez pas donné.

MADELEINE. — Je ne le lui ai pas donné.

VALORÉ. — Vous allez me dire qu'il l'a pris.

MADELEINE. — Vous le dites à ma place.

VALORY. — Vous en étiez là... à échanger des photographies avec ce gamin effronté?

MADELEINE. — Achevez... Faites entendre que je n'avais plus rien à lui refuser.

VALORY. — La chose certaine, c'est qu'une pareille histoire va nous couvrir... nous couvre déjà de ridicule...

MADELEINE. — Où voyez-vous ça?

VALORY. — Là! (Il montre le tableau noir.) Voilà le fruit de vos méthodes d'éducation! On se moque de vous ouvertement!

MADELEINE. — Vous avez beau jeu!

VALORY. — Oh! je ne le cherchais pas : je le ramasse!

MADELEINE. — Avec quel empressement cruel et en vous abaissant.

VALORY. — J'avais quand même raison. Nous sommes la risée de tous vos pensionnaires. Ils ont dû me donner un sobriquet à moi aussi. (Elle hausse les épaules.) En tout cas, je sais le vôtre : *Fleur-des-Neiges*! Charmant! C'est ce gamin qui avait trouvé ça? Bravo! Avec le cœur percé d'une flèche, ça ne fait pas mal dans le tableau!

MADELEINE. — Ce n'est pas lui qui a écrit ça!

VALORY. — Mais tout le monde savait qu'il était capable de l'écrire! Pas d'erreur, il portait son cœur blessé en écharpe!

MADELEINE. — Enfin, vous croyez que j'aurais accepté de vous appartenir, avec une arrière-pensée honteuse?

VALORY. — Je ne vous en prête aucune.

MADELEINE. — Alors, où voulez-vous en venir?

VALORY. — A ceci : il s'est créé autour de vous une atmosphère excitante et vous en avez, malgré vous, subi l'influence. C'est un fait.

MADELEINE. — Vous en tirez cette conséquence?...

VALORY. — Comme préparation au mariage... ça laisse à désirer. Vous serez honnêtement ma femme, oui, mais avec des souvenirs... et qui sait? des regrets... Je sens bien que quelque chose de vous, maintenant, m'échappera toujours... et je ne suis pas sans inquiétude... Les rêves auxquels la possession prétend donner congé sont des pigeons voyageurs... Ils connaissent trop bien le chemin du retour pour ne pas, tôt ou tard, revenir au colombier.

MADELEINE. — Si vous avez cette opinion de moi, de ma nature, de mes écarts d'imagination possibles, allez... vous êtes libre!

VALORY. — Madeleine!... Songez à ce que vous brisez!

MADELEINE. — Allez-vous-en. Nous n'avons plus rien à nous dire.

VALORY. — Ce n'est pas mon avis. Je ne serais pas au bas de l'escalier que vous me rappelleriez...

MADELEINE. — Auprès de moi? Je ne crois pas.

VALORY. — Ai-je dit que ce serait auprès de vous?

MADELEINE. — Auprès de qui, alors?

VALORY. — Mais d'un malade qui peut, d'un moment à l'autre, réclamer impérieusement mes soins.

MADELEINE. — Vous voulez parler de ma tante? (Silence.) Voyons, vous êtes un homme loyal. Vous m'avez dit tout à l'heure que l'état de cet enfant ne vous alarmait pas... Vous l'avez dit.

VALORY. — J'acceptais encore, à ce moment-là, l'hypothèse d'un accident.

MADELEINE. — Et maintenant que vous la repoussez, cette hypothèse?

VALORY. — Dame! Il peut avoir absorbé une dose plus forte que je ne le pensais.

MADELEINE. — Allons, avouez que vous m'inquiétez comme on se venge, bassement, maladroitement.

VALORY. — Non, mais je suis tenu comme médecin à une réserve... prudente.

MADELEINE. — Songez à ce que vous dites... Vous pouvez vous faire un jeu de me tourmenter pour voir si cet adolescent m'est plus ou moins cher; mais il a une mère et je réponds de lui devant elle.

VALORY. — Il est un peu tard pour y penser.

MADELEINE. — Il n'est pas trop tard pour réparer, non pas les fautes, mais les erreurs que j'ai pu commettre.

VALORY. — Des mots! Mieux que vous je vois clair en vous-même!

MADELEINE. — En vérité? Regardez-moi, alors, regardez-moi bien... La femme que je suis, qui s'était promise à vous, est étrangère à cet enfant... mais, s'il lui arrivait malheur, je ne vous reverrais jamais, car c'est à partir de maintenant que je l'aimerais, et d'un amour sacré. Il aurait dans mon cœur la place qu'il n'a pas eue dans ma vie. L'être humain qui s'immole à une idée ou à une femme, celui-là mérite d'être impérissable au moins dans la lueur de cette idée et dans le souvenir de cette femme.

VALORY. — Je comprends votre émotion. Mais, moi aussi, Madeleine, je suis ému! Ayez pour moi un peu d'indulgence... Est-ce qu'il n'est pas naturel que je sois jaloux, voyons? Je vous aime... je défends mon bonheur menacé... enfin, que je croyais menacé... Cette explication loyale était nécessaire... Nous l'avons eue; c'est fini?...

Scène XII

LES MÊMES, RENÉ

MADELEINE, voyant entrer René. — Qu'est-ce qu'il y a? Parlez... parlez...

RENÉ, avec embarras. — Morin...

MADELEINE. — Quoi? Il est plus mal?

RENÉ. — Non, mais il a un peu de délire... et il vous réclame.

MADELEINE. — J'y vais.

VALORY. — Rassurez-vous. Encore une fois, la vie de cet enfant n'est pas en danger. Est-ce que je serais ici sans ça? Allons le voir ensemble.

RENÉ, regardant furtivement Valory. — Il vaudrait peut-être mieux...

VALORY. — Vous... faites-moi le plaisir!...

MADELEINE, entre eux. — Je vous en prie!... Venez, monsieur Arnal. (A Valory.) Vous aussi. Je prends mes responsabilités; vous êtes médecin, prenez les vôtres.

RIDEAU

ACTE IV

Le décor du premier acte, encore plus défleuri et morose.

Scène première

RENE, AURELIE

RENÉ. — Pas gaie, maman Miroton, une pension de famille... sans famille!

AURÉLIE. — Non. Irma s'en ira ce soir, après vos derniers camarades.

RENÉ. — Et je n'ai plus moi-même qu'une nuit à passer ici. Je partirai demain matin.

AURÉLIE. — Et puis la pension sera fermée définitivement.

RENÉ. — Vous ne quittez pas Mme Hazelaire?

AURÉLIE. — Non. Elle me garde à son service.

RENÉ. — Tant mieux.

AURÉLIE. — Que d'événements en deux mois, monsieur Arnal!

RENÉ. — Et nous ne sommes pas au bout!

AURÉLIE. — Malheureusement non!

RENÉ. — La série noire.

AURÉLIE. — Elle a commencé, tenez, le jour où ce pauvre petit jeune homme, votre ami, a failli s'empoisonner. A-t-on de ses nouvelles?

RENÉ. — Oui. Il est toujours auprès de sa mère. Il se rétablit lentement. Il m'a écrit trois fois. La secousse a été forte.

AURÉLIE. — Savez-vous ce qu'on ne m'ôtera pas de l'idée?

RENÉ. — Non. Dites, maman Miroton?

AURÉLIE. — Eh bien, c'est que Mlle Cléringer est morte d'avoir senti que tout n'allait pas, ici, aussi bien que lorsqu'elle dirigeait la maison.

RENÉ. — Vous croyez?

AURÉLIE. — Elle avait beau être clouée à son fauteuil, sa vue perçait les murs. Rien ne lui échappait. Ah! voici M. Géodésias qui vient vous dire au revoir. Il est comme moi. Ses enfants n'ont jamais été que les enfants des autres. Alors, dans ce cas-là, voyez-vous, il ne faut pas, comme nous avons fait, en adopter un... le même... On le voit partir avec trop de regret...

Elle sort.

Scène II

RENE, GEODESIAS

RENÉ. — Qu'est-ce qui lui prend? Eh bien, monsieur Géodésias, les dernières nouvelles?

GÉODÉSIAS. — Mauvaises, mon cher enfant, mauvaises. La guerre est inévitable. Mes renseignements particuliers m'autorisent à croire que la mobilisation générale sera ordonnée demain.

RENÉ. — Je m'en doutais. J'attendais ici mon père et ma mère pour aller passer avec eux le mois d'août sur la côte bretonne... et je viens de recevoir une lettre de mon père m'invitant à partir pour Bergerac où son régiment est au garde-à-vous. Jolies vacances en perspective!

GÉODÉSIAS. — A qui le dites-vous?

RENÉ. — Qu'est-ce que vous allez faire?

GÉODÉSIAS. — Et vous?

RENÉ. — M'engager. J'embêterai maman, mais je ferai plaisir à papa. Un officier! Au fond, vous savez, je suis un homme d'action. J'ai peu de goût pour la carrière diplomatique. J'ai suivi les cours des Sciences Po... surtout pour la facilité qu'ils me donnaient de rester trois ans à Paris. Du moment que Bergerac me réclame... autant devancer l'appel de ma classe. Ce n'est pas que je compte sur l'approbation du réfractaire que vous êtes, au fond... *Sois ton sauveur!*

GÉODÉSIAS. — Détrompez-vous! Je n'aurais que bien peu de chose à modifier dans ma brochure pour que le cri : *Sois ton sauveur!* s'adresse, non plus à un individu, mais une nation entière prise à la gorge...

RENÉ. — Vous êtes Français. Vous avez la tête près du bonnet de police.

GÉODÉSIAS. — Non. Mais, comme dit l'autre : on bat maman!... Je ne vais pas demeurer là les jambes et les bras croisés.

RENÉ. — On peut être bon chrétien et ne pas aimer à recevoir des coups sans les rendre.

GÉODÉSIAS. — Et puis, voyons, je vous ai toujours considérés un peu comme mes enfants; vous ne voudriez pas que je vous tire dans le dos!... Vous surtout, mauvais et cher élève...

Scène III

LES MÊMES, MADELEINE

GÉODÉSIAS. — Je venais prendre congé de vous, madame.

MADELEINE. — J'ai lu les journaux. Les événements se précipitent. Vous êtes convaincu que nous n'éviterons pas la guerre?

GÉODÉSIAS. — A moins d'un miracle.

MADELEINE. — Cette jeunesse qui va partir pour nous défendre, vous ne trouvez pas ça...

GÉODÉSIAS. — Atroce...

MADELEINE. — Dix-huit ans!... Tous les rêves, toutes les espérances, et l'éteignoir sur tout cela... Ah!

GÉODÉSIAS. — On n'aura peut-être pas besoin d'eux.

MADELEINE. — On aura besoin de tant d'autres pas beaucoup plus âgés!

GÉODÉSIAS. — Hélas! Dès qu'on fait sentir à

l'ogre la chair fraîche, il devient bien difficile de le rationner!

MADELEINE. — J'en ai peur comme vous.

GÉODÉSIAS. — Vous allez rester ici?

MADELEINE. — Non. Je tâcherai de me rendre utile dans les ambulances, les hôpitaux. Rien ne me retient plus entre ces murs. Je n'y ai pas de souvenirs comme en pouvait avoir ma tante. J'ai passé. Je n'étais qu'une pensionnaire de plus. Quand partez-vous, monsieur Arnal?

RENÉ. — Demain matin, madame, si vous n'y voyez plus d'inconvénients.

MADELEINE. — Vos camarades?

RENÉ. — On descend leurs malles dans le jardin. Eux s'en vont avant midi.

MADELEINE. — Et ils jouent en attendant...

Explosion de rires dans le jardin.

Scène IV

LES MÊMES, AURELIE, puis VALORY

AURÉLIE. — Le docteur Valory demande si Madame peut le recevoir.

MADELEINE. — Oui, qu'il entre. (*A Géodésias et à René.*) Je vous demande pardon.

Ils sortent.

Scène V

VALORY, MADELEINE

VALORY. — Bonjour, ma chère Madeleine. La situation ne s'est point améliorée depuis hier, loin de là.

MADELEINE. — Hélas!

VALORY. — Il faut la regarder en face et en mesurer les conséquences.

MADELEINE. — Je suis anéantie. Je ne croyais pas cette chose possible.

VALORY. — Moi non plus. Ah ! si vous m'aviez écouté!

MADELEINE. — Il n'y aurait pas eu la guerre?

VALORY. — Ce n'est pas ce que je veux dire. Enfin, ne revenons pas sur le passé.

MADELEINE. — Non, n'y revenons pas.

VALORY. — Avez-vous réfléchi, depuis hier, à ma dernière proposition?

MADELEINE. — Oui.

VALORY. — Bien. De mon côté, je me suis informé. Si la guerre éclate, il est certain que l'on simplifiera les formalités du mariage afin qu'il puisse être célébré dans le plus bref délai.

MADELEINE. — *In extremis.*

VALORY. — Non... mais pour permettre...

MADELEINE. — A la femme de se préparer au veuvage...

VALORY. — Ce sera lui rendre un grand service dans bien des cas.

MADELEINE. — Le nôtre excepté!

VALORY. — Alors, vous ne consentez pas?...

MADELEINE. — Je ne consens pas.

VALORY. — Pourquoi?

MADELEINE. — Parce que rien ne nous fait de cette résolution un devoir. Nous n'avons pas d'enfant à légitimer, pas de situation à régulariser aux yeux de la famille, de la loi, ni de la morale. Enfin, songez à l'angoisse des étreintes que va venir dénouer l'appel des condamnés!

VALORY. — C'est justement parce que j'y songe dans l'intérêt de la femme.

MADELEINE. — Moi, j'y songeais dans l'intérêt de l'amour.

VALORY. — Le mariage est une assurance...

MADELEINE. — Contre les accidents?

VALORY. — Parfaitement.

MADELEINE. — Comment ne tremblerait-on pas, en effet, pour ces jeunes gens qui vont partir? Il n'y en a pas un qui me soit plus cher que les autres; mais nous les armions pour la vie, et c'est à la mort qu'on les envoie.

VALORY. — Mais je vais partir avec eux, moi, Madeleine.

MADELEINE. — Je ne l'oublie pas. Mais vous avez vécu... Vous vous êtes réalisé dans la force de l'âge et la maîtrise de vos moyens... Tandis que ces élèves...

VALORY. — Il y en a d'autres qui meurent jeunes aussi : les malades...

MADELEINE. — On ne les donne pas comme un exemple à suivre. Une mort glorieuse est la mort tout de même!

VALORY. — Peut-on regretter les biens que l'on n'a pas possédés?

MADELEINE. — La belle consolation! On leur a trop parlé de la Terre promise pour qu'ils n'aient pas soupiré après!

VALORY. — Je vais embrasser ma chère maman. Je pars tout à l'heure pour Poitiers. Je rentrerai après-demain au plus tard. J'espère vous retrouver plus calme. Quand réintégrez-vous votre domicile?

MADELEINE. — Dès demain.

VALORY. — A la bonne heure. Abandonnez vite cette maison. Laissez-y une Madeleine qui m'a parfois causé, je ne dis pas des inquiétudes... mais des impatiences que je n'ai pas su toujours réprimer. Pardonnez-les-moi.

MADELEINE — Je vous les pardonne. Je ne me reconnaissais plus moi-même. Je me faisais l'effet d'une sœur cadette à laquelle je ressemblais... et qui serait morte. Elle revivait une minute dans un éclat de rire, un regard, un battement de cœur. Aucune fièvre... seulement les couleurs qu'on voit aux joues des enfants qui ont couru... C'était un peu de jeunesse en retard qui accélérait son cours en moi, pour qu'on n'en parle plus.

VALORY. — Nous en reparlerons au contraire... Jamais vous n'avez été plus belle... et il me faut vous quitter. J'ai télégraphié à ma mère. Elle m'attend.

MADELEINE. — Ne la faites pas attendre.

Scène VI

LES MÊMES, AURELIE

AURÉLIE. — Il y a là une dame qui insiste pour voir Madame...

MADELEINE. — Ah! c'est bien le moment!...

AURÉLIE. — Voici sa carte.

MADELEINE. — Ah! Si... Dès que le docteur sera parti, vous la ferez entrer.

Aurélie sort.

VALORY. — Quelqu'un que je connais?

MADELEINE. — Non. La maman d'un pensionnaire qui vient régler sa note. Je n'y comptais plus.

VALORY. — Au revoir, alors. A bientôt?

MADELEINE. — A bientôt, mon ami.

VALORY. — Votre ami, simplement?

MADELEINE. — C'est quelque chose que l'amitié d'une femme au terme de sa jeunesse!

Il sort par le fond. Mme Morin entre, à gauche, comme au premier acte.

Scène VII

MADELEINE, Mme MORIN

Mme MORIN. — Je vous dérange, madame, au milieu de vos préparatifs de départ...

MADELEINE. — Vous ne me dérangez pas du tout. Asseyez-vous, je vous prie.

Mme MORIN. — Je pensais venir plus tôt m'acquitter envers vous ; mais la santé d'Abel m'a donné de telles inquiétudes depuis son retour parmi nous...

MADELEINE. — Il va mieux?

Mme MORIN. — Un peu mieux, merci... Enfin, j'ai eu affaire impérieusement à Paris... et j'en profite pour venir vous remercier de vive voix des soins que vous avez donnés à mon fils... Grâce à vous, nous en aurons été quittes pour la peur... Mais il se rétablira fort lentement.

MADELEINE. — Qu'il revienne tout à fait à la santé, c'est le principal.

Mme MORIN. — Il s'était bien trompé de potion, n'est-ce pas?

MADELEINE. — Oui... Comme je vous l'ai écrit.

Mme MORIN. — Et comme il me l'a répété... Enfin, une étourderie. Dans ces conditions-là, il devrait être heureux de renaître à la vie... Eh bien, non. Il ne s'intéresse à rien. Il demeure des journées à ruminer... je ne sais quoi. Il ne se plaint pas, non... Mais on dirait qu'il vit... par acquit de conscience... indifférent à tout.

MADELEINE. — Vous avez consulté le médecin ?

Mme MORIN. — Oh! naturellement. Mais les médecins soignent les maladies... pas les malades.

MADELEINE. — Comme c'est vrai!

Mme MORIN. — J'ai toujours eu l'idée que mon fils a un chagrin qu'il me cache et qui le ronge. Non?... Vous ne croyez pas?... Vous ne croyez pas que quelqu'un lui a fait de la peine... une grosse peine ?

MADELEINE. — Mon Dieu, ici, au milieu de ses camarades, je ne vois pas...

Mme MORIN. — Il ne sortait qu'avec eux?

MADELEINE. — Oui.

Mme MORIN. — Il n'aurait pas fait dehors une mauvaise connaissance? A son âge, ces femmes-là sont si pernicieuses!

MADELEINE. — Quelles femmes voulez-vous dire?

Mme MORIN. — Les femmes de Paris... Une aurait pu l'affoler, naïf comme il était... Mais puisque vous ne pensez pas...

MADELEINE. — Non, je ne pense pas.

Mme MORIN. — Alors, je ne sais plus... Et cette guerre, à présent... Nous en parlions, l'autre jour, devant lui! Il a dit : « Si elle éclate, j'aime autant partir tout de suite... »

MADELEINE. — Beaucoup de ses camarades disent la même chose.

Mme MORIN. — Oui, mais il y a la manière. La sienne n'avait rien d'une exaltation patriotique. Pauvre enfant! Qu'est-ce qu'on a bien pu lui faire pour le mettre dans un état pareil? *(Un silence.)* En apprenant que j'avais l'intention de venir vous voir, il a dit seulement... *(Elle s'arrête.)* Non, j'ai tort de répéter...

MADELEINE. — Je vous en prie...

Mme MORIN. — Il a dit : « Ne te trompe pas, surtout... Mme Hazelaire est maintenant Mme Valérie... » Je vous demande pardon... Je ne suis pas sûre du nom...

MADELEINE. — Eh bien, dites-lui en rentrant que je suis toujours Mme Hazelaire et que je retourne chez moi avec le regret seulement de n'avoir pas mieux remplacé ma tante.

Mme MORIN, *se levant.* — Oui, je sais quelle perte vous avez faite. Mais Abel n'a connu que vous... Il vous aimait bien... Vous aviez toute sa confiance... toute la mienne... et vous la méritiez.

MADELEINE. — Raison de plus pour lui dire...

Mme MORIN. — Je n'y manquerai pas. Si ça pouvait lui faire plaisir...

MADELEINE. — Ça ne lui sera pas désagréable, en tout cas.

Mme MORIN. — Merci. Au revoir, madame... Voulez-vous me permettre de vous embrasser?

MADELEINE. — Ah! je crois bien! *(Elle l'accompagne ensuite jusqu'à la porte.)* Je n'en pouvais plus!... *(Et tout à coup elle fond en larmes qu'elle refoule en entendant frapper.)* Entrez!

Scène VIII

RENÉ, MADELEINE

RENÉ. — Suis-je indiscret?

MADELEINE. — Non.

RENÉ. — Voyons, je ne fais pas erreur... C'est bien Mme Morin qui sort d'ici? Je ne l'ai vue qu'une fois, quand elle est venue vous présenter son fils... *(Il s'aperçoit du trouble de Madeleine.)* Vous avez une contrariété?...

MADELEINE. — Non... rien... le même souvenir que vous... je me rappelais son arrivée, sa gentillesse, les recommandations de sa mère, votre empressement à le prendre sous votre protection... tout, enfin.

RENÉ — C'était le meilleur des camarades.

MADELEINE. — Vous étiez son confident?

RENÉ. — Pas positivement. Il était assez renfermé.

MADELEINE. — Ses impressions, ses projets d'avenir, ses rêves... il ne vous en faisait jamais part?

RENÉ. — Oh! rarement. Et brièvement.

MADELEINE. — Vous aviez cependant des conversations ensemble?

RENÉ. — Sans doute.

MADELEINE. — De quoi parliez-vous?

RENÉ. — Des livres qu'il lisait.

MADELEINE. — Il lisait beaucoup de romans?

RENÉ. — Oui. Il y en avait un qui, pour lui, éclipsait tous les autres : *le Lys dans la vallée*... Mme de Mortsauf était son héroïne favorite.

MADELEINE. — Je sais.

RENÉ. — Vous savez?

MADELEINE. — Oui. Vous pensez bien que je ne le recevais pas ici toutes les semaines sans l'interroger sur ses goûts, ses lectures, ses ambitions. Il avait en effet une préférence marquée pour ce roman de Balzac. Il en récitait des passages par cœur.

RENÉ. — Vous pouvez même ajouter qu'une femme réalisait son idéal.

MADELEINE. — Vous la connaissez?

RENÉ. — Oui, c'est vous.

MADELEINE. — Vous déclariez, il n'y a qu'un instant, que vous n'aviez jamais reçu de confidences de lui.

RENÉ. — Je ne disais pas toute la vérité.

MADELEINE. — Si je vous la demandais ? J'ai besoin de la savoir et je ne l'attends plus que de vous. Dans quelques heures, nous serons séparés. C'est sans doute la dernière fois que nous nous voyons. Depuis deux mois, je fais mon examen de conscience. Dites-moi franchement : ai-je été frivole, imprudente, maladroite ? Ai-je involontairement donné à ce pauvre enfant des espérances que j'ai déçues ? Ai-je réellement, enfin, une part de responsabilité dans cette tentative de suicide qu'il a cachée à sa mère comme à tout le monde ?

RENÉ. — Sauf à vous.

MADELEINE. — A moi ?

RENÉ. — Il vous a écrit avant de s'abandonner au découragement.

MADELEINE. — Oui. Et sa lettre me mettait hors de cause. Trois lignes d'adieu... pour épargner à la maison les ennuis d'une enquête, si le malheur avait été consommé. C'est ainsi, du moins, que j'ai interprété ce billet. Je l'ai gardé, d'ailleurs. Je peux vous le montrer.

RENÉ. — Une chose l'accompagnait qui lui donnait un sens et levait tous les doutes.

MADELEINE. — Quelle chose ?

RENÉ. — Votre portrait.

MADELEINE. — Comment savez-vous ?

RENÉ. — C'est moi qui lui ai conseillé de vous le renvoyer.

MADELEINE. — Avant de... de disparaître ?

RENÉ. — Non... mais pour lui rendre, au contraire, la paix du cœur et le goût de vivre qu'il n'avait plus.

MADELEINE. — A cause de moi ?

RENÉ. — A cause de vous. Il vous aimait.

MADELEINE. — Il vous l'a dit ?

RENÉ. — Comme il vous l'a dit à vous-même.

MADELEINE. — Pas sérieusement.

RENÉ. — A moi, il l'a dit sérieusement.

MADELEINE. — Quand cela ?

RENÉ. — Quand la nouvelle de votre mariage l'a bouleversé. Mais je m'en étais déjà aperçu.

MADELEINE. — Vous vous étiez aperçu ?...

RENÉ. — Qu'il vous aimait follement et que vous étiez tout pour lui.

MADELEINE. — Je n'étais rien.

RENÉ. — J'entends bien... mais vous l'avez néanmoins troublé.

MADELEINE. — Est-ce de ma faute ? Vous êtes extraordinaire... Parce que je me suis trouvée par hasard sur le chemin de ce jeune homme, presque un enfant, et parce qu'il s'est épris de moi, me voilà impliquée dans son acte de démence ! Si je l'avais encouragé, je comprendrais...

RENÉ. — Sans l'encourager, vous l'avez initié par votre présence à toute la douceur d'un amour naissant, et le premier.

MADELEINE. — Si maintenant ma seule présence suffit...

RENÉ. — Mais oui. Votre séduction s'exerçait à votre insu. Tout le mal est venu de ce que vous ne vous en doutiez pas.

MADELEINE. — Non. Je ne croyais pas faire de pareils ravages autour de moi. Autrement...

RENÉ. — Vous les faisiez cependant. Ce n'est pas seulement d'Abel Morin que vous avez été le premier amour. Nous avions tous le cœur ébloui... Nous rêvions tous à vous. Mais les uns y rêvaient comme à la dame blanche et les autres comme à la femme sur laquelle ils sont déjà positivement renseignés.

MADELEINE. — M. Géodésias avait raison ! Il devait leur être difficile de travailler dans des conditions pareilles !

RENÉ. — Très difficile.

MADELEINE. — Et je vois bien que cette pension de famille ne leur convenait en aucune façon.

RENÉ. — Ils en conserveront pourtant, grâce à vous, un souvenir ineffaçable...

MADELEINE. — Ne dites pas ça... Cette ombre au tableau...

RENÉ. — Vous ne pouviez pas savoir...

MADELEINE. — Non, mais vous qui saviez...

RENÉ. — J'ai fait ce que l'amitié me commandait de faire. J'ai sacrifié tout à l'amitié.

MADELEINE. — Comment ?

RENÉ. — En m'effaçant.

MADELEINE. — Je ne comprends pas.

RENÉ. — C'est préférable.

MADELEINE. — Mais non. Vous me devez la vérité. Elle seule peut atténuer mes regrets... apaiser mes remords... oui, mes remords.

RENÉ. — Vous n'avez rien à vous reprocher.

MADELEINE. — Je ne sais plus. Lorsque sa mère s'est trouvée tout à l'heure en larmes devant moi, j'ai eu l'impression qu'elle me jugeait et que j'étais coupable. Alors, quand vous venez me dire que votre intervention eût pu empêcher un malheur, j'ai le droit de vous poser des questions... et je vous les pose. En quoi votre amitié a-t-elle été, à un moment donné, trop scrupuleuse, — ou pas assez ?

RENÉ. — Oh ! il n'y a plus d'inconvénient maintenant à vous répéter ce que j'ai dit à Abel. Vous vous rappelez le soir où nous sommes venus en délégation vous offrir des fleurs pour l'anniversaire de votre naissance ?

MADELEINE. — Oui. Vous étiez leur porte-parole à tous et vos souhaits exprimaient une respectueuse sympathie.

RENÉ. — Oh ! ils ne cassaient rien assurément... C'est pourquoi je leur ai donné tout de suite une forme différente.

MADELEINE. — Laquelle ?

RENÉ. — Le rossignol, dans l'arbre... Les vers de *Chantecler.*

MADELEINE. — C'est vous qui avez eu cette idée, je ne l'ignore pas.

RENÉ. — Ce que vous ignorez, c'est que je n'étais pas seulement l'interprète de mes camarades...

MADELEINE. — Les crapauds...

RENÉ. — Oui, les crapauds, qui, eux aussi, comme le ver de terre et comme le rossignol, étaient amoureux d'une étoile. Pareil au rossignol qui vocalise dans *Chantecler,*

Je sentais, tout petit, perdu dans l'arbre noir,
Que j'allais devenir l'immense cœur du soir !

A ceux qui ne le savaient pas, mon chant révélait leur idolâtrie, comme il me la révéla, ce soir-là, à moi-même. Mais c'était pour vous préparer à recevoir la déclaration de Morin que je chantais dans l'arbre, comme un imbécile.

MADELEINE. — Il vous a dit ?

RENÉ. — Oui. Il faisait sa partie dans le chœur des crapauds; mais il ne coassait pas : il croyait.

MADELEINE. — Vous m'éclairez sur bien des choses que je ne comprenais pas.

RENÉ. — Peut-être parce qu'on vous les expliquait mal.

MADELEINE. — Peut-être. Les mêmes mots n'ont pas toujours la même signification. Je m'en rends compte à présent; je n'apportais pas ici que ma bonne volonté et mon dévouement à ma tante, j'y apportais ma personne et mon inexpérience aux embûches du cœur et des sens. Nous allons bientôt nous séparer. A me montrer telle que j'étais en arrivant ici, je n'ai rien à perdre de votre estime. Cette aventure, que je n'ai point cherchée, m'a également révélée à moi-même. Pourquoi n'en conviendrais-je pas, sincèrement? J'ai été jeune fille, mariée et veuve, sans rien connaître des agitations que l'amour et le désir soulèvent autour de tant de femmes! Je n'ai pas eu de jeunesse pour ainsi dire. Et je n'ai jamais cultivé l'art de plaire. Je ne suis pas une ensorceleuse.

RENÉ. — Vous êtes mieux : une inspiratrice... *Le Lys dans la vallée*, enfin.

MADELEINE. — A peine le Lys dans la Pension!

RENÉ. — Si vous voulez. Il me suffit de savoir le secret de votre charme... et vous me l'avez livré.

MADELEINE. — Moi?

RENÉ. — Vous. Il n'y a qu'un instant.

MADELEINE. — Vous avez mal interprété...

RENÉ. — Non. Mariage, veuvage, vie conjugale et vie indépendante, vous avez tout traversé vêtue de votre robe d'innocence. Les regards que nous posions sur vous pouvaient vous décolleter : vous ne les sentiez pas. Mais je vais m'éloigner... le dernier... J'ai le devoir de vous faire entendre leur aveu à tous afin — quand nous ne serons plus là — que l'église vibre encore de la voix des fidèles!

MADELEINE. — Taisez-vous...

RENÉ. — Non, pas avant de vous avoir tout dit. Vous-même, tout à l'heure, n'avez-vous pas réclamé la vérité... la vérité tout entière?

MADELEINE. — Sur votre ami, sur lui seul...

RENÉ. — Justement. C'est sa confidence qui m'a ouvert les yeux et qui me jette à vos pieds... un jour comme celui-ci.

MADELEINE. — Le moins indiqué.

RENÉ. — Au contraire! Morin m'a fait comprendre que vous êtes la femme pour qui l'on peut se tuer, si l'on n'est pas aimé d'elle. La guerre ne me prend pas au dépourvu, puisque vous, la première, vous m'avez fait penser à la mort...

MADELEINE. — Je n'en crois rien.

RENÉ. — C'est pourtant vrai. J'ai envié Morin capable de mourir pour vous, comme il mourra pour la patrie. Qui peut le plus peut le moins.

MADELEINE. — Ne dites pas ça! Vous blasphémez. Ne confondez pas un caprice avec un devoir supérieur.

RENÉ. — La plus puissante raison de vivre est d'aimer et d'être aimé.

MADELEINE. — On ne meurt pas d'amour.

RENÉ. — Ingrate!

MADELEINE. — Vous avez raison... Vous me faites perdre la tête.

RENÉ. — Mme Morin vous a-t-elle dit les intentions de son fils?

MADELEINE. — Non... Oui... Partir tout de suite, je crois...

RENÉ. — C'est ce qu'il a de mieux à faire : renouveler sa tentative de suicide.

MADELEINE. — Je vous défends de parler ainsi.

RENÉ. — Soit. Disons plutôt que nous allons tous les deux « mourir dans cette fête », comme les grenadiers de l'épopée. Mais, à quarante ans, ceux-là étaient vieux. Ils avaient parcouru le monde et joui de tout. Qu'est-ce que nous avons vu, nous? Et nous sommes balayés!... Vous trouvez ça juste?

MADELEINE. — Non. Votre révolte contre le destin est légitime.

RENÉ. — Elle est légitime, mais on ne fait rien pour l'apaiser. Où serons-nous demain ? Combien répondront dans deux mois à l'appel de leur nom? Les combattants vont vite. Les plus jeunes allaient entrer dans la vie... et une guerre sans merci leur dit : « Par ici la sortie! » Une femme n'a pas même eu le temps de passer... ou bien elle a passé avec indifférence.

MADELEINE. — Taisez-vous... Tout ce que vous dites est affreux!

RENÉ. — Mais justement parce que nous n'avons pas de souvenirs d'amour quelques reliques en prennent la place. Que vous y consentiez ou non, vous êtes notre viatique. Nous emportons de vous un regard, une parole, un geste, une attitude, le parfum qui précédait et suivait vos pas. Nous vous avons dans le sang que nous allons verser.

MADELEINE. — Vous êtes fou!... Vous m'étourdissez... Que vous ai-je fait? Vous avez l'air d'un accusateur demandant le châtiment d'un coupable... Je n'ai rien à me reprocher, vous l'avez dit vous-même.

RENÉ. — Vous n'avez rien livré de vous, c'est vrai... Mais pourquoi alors Morin, d'autres sans doute, et moi-même, tournerons-nous les yeux vers vous à l'heure de la mort, comme vers un premier amour qui aura été le dernier?

MADELEINE. — On vient... Je vous en supplie!...

René sort.

Scène IX

MADELEINE, GEODESIAS, LE PASTEUR

LE PASTEUR. — Madame...

MADELEINE. — Bonjour, monsieur le pasteur.

LE PASTEUR. — Je venais serrer la main à mes derniers petits amis et leur dire au revoir.

GÉODÉSIAS. — Au revoir?...

LE PASTEUR. — Oui, je sais bien : les reverrons-nous? (Regardant par la baie vitrée dans le jardin.) Regardez-les... regardez ces grands enfants qui jouent encore à saute-mouton!

GÉODÉSIAS. — Des moutons auxquels ont va demander d'être des loups, s'ils ne veulent pas qu'on les traite en moutons!

LE PASTEUR. — Il faut vous rendre cette justice, que vous avez toujours professé l'horreur de la guerre!

GÉODÉSIAS. — J'ai maintenant l'horreur de voir la vieillesse au spectacle et la jeunesse au sacrifice.

LE PASTEUR. — Ce sont un peu vos enfants.

GÉODÉSIAS. — Oui, j'ai dit souvent que je les avais à l'âge ingrat... ingrat envers nous, les aînés et les maîtres... Mais qu'importe! L'âge condamné à l'ingratitude, maintenant, c'est le nôtre ! Si l'ordre des départs est interverti, envers qui nous acquitterons-nous?

LE PASTEUR, étendant les mains vers le jardin. — J'appelle sur eux toutes les bénédictions du ciel!

GÉODÉSIAS. — Au-dessus des champs de bataille couverts de morts et de blessés, le ciel est bleu sans excuse!

LE PASTEUR. — *Morning dew*, disent les Anglais.

GÉODÉSIAS. — Oui... Mais cette rosée du matin... qui eût dit qu'elle s'évaporerait ainsi!...

LE PASTEUR. — Je les bénis de toute mon âme!

GÉODÉSIAS, derrière lui. — Bénissez-les, monsieur le pasteur... Hâtez-vous de bénir la vie pendant qu'elle palpite encore... Bénissez ses erreurs, ses fautes, sa superbe et ses injustices, tout ce qui nous la rendra chère quand elle aura disparu!... si elle doit disparaître!... Ne discernez pas les bons des mauvais, les plus purs de ceux qui le sont moins : tous aujourd'hui sont égaux devant l'immolation! Bénissez enfin, monsieur le pasteur, bénissez ces âmes blanches avant qu'elles aient commis le seul péché qui compte et ne s'absout pas : le péché d'homicide!

LE PASTEUR. — Qu'ils soient bénis!...

GÉODÉSIAS, voyant Madeleine chanceler, lui avance une chaise. — Asseyez-vous!

MADELEINE. — Non, merci... un léger étourdissement... c'est passé.

LE PASTEUR. — Je vais les embrasser avant leur départ.

GÉODÉSIAS. — Et moi les accompagner jusqu'à la gare.

MADELEINE. — Oui, allez. J'ai pris congé d'eux. Je n'ai plus le courage...

Ils sortent. Elle va au fond leur adresser un dernier adieu à travers les vitres. René est entré cependant et elle l'aperçoit en se retournant.

Scène X

RENE, MADELEINE

MADELEINE. — Vous m'avez fait peur... Pourquoi n'étiez-vous pas parmi ceux que le prêtre a bénis?

RENÉ. — Je ne veux l'être que par vous.

MADELEINE. — Ne profanez pas ce mot-là!

RENÉ. — Je ne le profane pas. Je vais partir... Il faut être en état de grâce pour mourir comme pour communier. Notre état de grâce à nous, c'est l'état d'amour. Ne repoussez pas ma prière.

MADELEINE. — Je vous cède la place.

RENÉ, la retenant. — Non. Ne réduisez pas au désespoir, à son tour, cet autre qui vous aime et n'a d'espoir qu'en vous.

MADELEINE. — Ayez pitié de moi... Vous voyez bien que je suis brisée de fatigue et d'émotion... Vous n'abuserez pas... Nous nous reverrons... Laissez-moi...

RENÉ. — Pas avant d'avoir ouvert vos lèvres à des mots qui bourdonnent en vous et que je veux recueillir.

MADELEINE. — Quel droit vous ai-je donné de me traiter ainsi?

RENÉ. — Nous nous ressemblons... Nous non plus nous n'aurons pas eu de jeunesse.

MADELEINE. — Si la mienne est finie, la vôtre commence.

RENÉ. — Elle va finir aussi... et qu'en aurons-nous fait? Salut à notre dernier matin!

MADELENE. — Ce n'est pas le vôtre seulement...

RENÉ. — Quelqu'un a dit que deux malheurs mêlés font du bonheur...

MADELEINE. — Rien ne le prouve.

RENÉ. — Prouvons-le.

MADELEINE. — Je me mépriserais. Ne salissez pas l'image que vous garderez de moi.

RENÉ. — Un beau jour est plus beau de n'avoir pas de suite.

MADELEINE. — Cette chute vilaine... sans excuse...

RENÉ. — Cette admirable offrande!

MADELEINE. — Vous me désirez... vous ne m'aimez pas... Vous faites semblant de m'aimer... Si vous m'aimiez vraiment, vous n'auriez pour moi qu'un religieux respect, comme votre ami...

RENÉ. — Il a failli mourir de cette dévotion.

MADELEINE. — Ne dites pas ça!

RENÉ. — Mais il ne vous aura pas implorée en vain. Il était nécessaire qu'il vînt... et les autres avec lui, pour vous mûrir à l'amour. J'ai soif de vous!

MADELEINE. — Qu'allez-vous penser de moi, si je ne vous résiste pas?

RENÉ. — Que vous entendez sonner à tous les clochers de France la dernière heure du berger!

MADELEINE. — Tomber ainsi!...

RENÉ. — Tomber, non, mais défaillir à la fin d'une journée brûlante comme celle-ci.

MADELEINE. — Vous m'effrayez... Il y a dans vos yeux comme un éclair de revanche.

RENÉ. — Il n'y a qu'une heureuse ivresse.

MADELEINE. — Nous allons faire deux malheureux qui n'auront plus en partage que le souvenir et le regret.

RENÉ. — Donnez-moi le regret à porter; je vais moins loin que vous!

Il la prend dans ses bras.

MADELEINE. — Cachez-moi ce visage ardent et brutal... que je ne vous connaissais pas.

Elle lui couvre la figure de ses mains.

RENÉ, écartant le voile. — Regardez-le, au contraire, et puis oubliez-le... C'est le visage d'un de ceux qui ne reviendront pas!

Elle s'abandonne.

RIDEAU

Le Cœur ébloui au théâtre Daunou.

En 1912, dans une pension de famille du Quartier Latin, quelques jeunes gens, qui fréquentent les écoles ou l'Université, vivent en commun, sous la tutelle indulgente d'une vieille fille et d'un surveillant d'études venu de la bohème à la pédagogie. La vieille fille tombe malade. Elle est remplacée par sa nièce, une jeune veuve à la séduction involontaire. Le pensionnat est étrangement ému par ce contact quotidien, qui exalte, selon les tempéraments, le romantisme éperdu ou le désir timide. La jeune femme éprouve, elle aussi, un trouble nouveau. Tel est le sujet du *Cœur ébloui*.

M. Lucien Descaves est un écrivain trop connu pour qu'il ne soit pas superflu de rappeler ici ce que tous les lettrés savent de lui. Membre de l'Académie Goncourt, il a commencé, il y a quelque trente-cinq ans, à l'époque du naturalisme, une carrière brillante, qui s'illustra simultanément dans le roman, le théâtre et le journalisme. Plusieurs de ses pièces ont déjà paru dans *La Petite Illustration théâtrale* (1). Depuis quelques années, il semblait s'être détourné de la production dramatique. Mais voici que *le Cœur ébloui*, apporté par M. Lugné-Poë à Mme Madeleine Carlier et reçu aussitôt par la direction du théâtre Daunou, a remporté un succès qui n'est pas seulement dû à sa qualité personnelle, mais encore à la signification que le public lui a donnée. C'est, d'ailleurs, cette signification que tous les critiques se sont plu à souligner et il suffira de les citer pour la mettre en lumière.

***

Dans *le Journal*, par exemple, M. G. de Pawlowski écrit :

« Sur la scène infiniment « parisienne » du théâtre Daunou, devant un public essentiellement « parisien », la pièce de Lucien Descaves a remporté un très franc, très légitime et très gros succès. Or, cette pièce se joue en pauvres costumes de tous les jours, dans le même décor d'une pauvre pension de famille voisine de l'Observatoire, aucun personnage de la pièce ne devient son gendre, son père ou son propre amant, nulle concession aux idées actuelles ; la pièce, telle qu'elle est, aurait pu triompher il y a trente ans au Théâtre Libre. Et voici tous nos *spécialistes* du théâtre complètement déroutés par un pareil succès.

» Rien, cependant, n'était plus facile à prévoir : le théâtre n'est pas fait pour nous montrer des cas pathologiques uniques, mais pour mettre à la scène des vérités largement humaines, des sentiments communs à tous les hommes ; on peut se réunir dans un amphithéâtre pour voir disséquer un monstre, on ne va au théâtre que pour sentir, aimer et s'indigner ensemble...

» Ce qu'il faut admirer dans cet ouvrage de ligne très simple, c'est la beauté de certains mots, la probité de certaines définitions qui jaillissent irrésistiblement de la situation, qui poussent dans une magnifique envolée, malgré l'auteur, serait-on tenté de dire. C'est qu'à l'inverse des dramaturges qui n'inventent des situations que pour amener de bons mots faits à l'avance, tout ici jaillit du cœur, pousse naturellement, grandit irrésistiblement ; c'est la nature elle-même qui parle et qui s'éveille, c'est la plus belle démonstration, par le talent, des vertus profondes du naturalisme. »

C'est un même langage que tient, dans *le Figaro*, M. Robert de Flers :

« M. Lucien Descaves vient de remporter le plus grand succès de sa carrière. Enfin ! voici une comédie pleine de lumière, de fraîcheur, de santé et dont les fenêtres ouvrent sur le jardin. Pas un propos douteux. Pas un sentiment équivoque. Admirez l'audace de M. Lucien Descaves ; il n'a pas hésité, en écrivant *le Cœur ébloui*, à nous faire une peinture ardente et vive de l'amour et — c'est là qu'est le délicieux scandale — d'un amour qui met aux prises un jeune homme — que dis-je ? six jeunes gens — et une femme au seuil d'une radieuse maturité. Ces quatre actes illustrent, par une action bien conduite, au moins dans les trois premiers, le ravissant et tragique bonheur d'avoir vingt ans. Ils débordent de cette jeunesse qui, disait La Rochefoucauld, est « une ivresse continuelle et la fièvre de la raison ». Le printemps y éclate tout sonore de rires et de sanglots, et les plates-bandes y semblent fleuries par les roses du massif derrière lequel Fortunio, pour la première fois, vit passer Jacqueline. »

Dans *l'Information*, M. Antoine fait ces réflexions :

« Ce *Cœur ébloui*, de Lucien Descaves, qui vient de remporter au théâtre Daunou un triomphal succès, attendit longtemps d'être présenté au public. Je veux bien que les hommes de la génération de Descaves sont moins habiles à placer leurs œuvres que leurs cadets, et qu'en particulier l'auteur du *Cœur ébloui* ait peu de goût pour les travaux d'approche compliqués, actuellement indispensables pour caser une pièce, mais, tout de même, celle-ci a certainement été examinée par deux ou trois de nos plus avisés directeurs. Lesquels ? Je n'en sais rien, et, si je les connaissais, je ne les nommerais pas ; mais aucun d'eux ne paraît avoir senti ou compris la rare valeur d'un pareil ouvrage. Mme Madeleine Carlier n'en doit être que plus vivement félicitée de sa clairvoyance et le public a récompensé, en l'applaudissant très vivement, la directrice autant que la comédienne.

» Cette étude de l'adolescence à l'aube de l'amour a déjà fourni deux immortelles compositions à Beaumarchais avec son *Chérubin* et à Musset avec *Fortunio*. Heureusement, le génie qui, en apparence, semble épuiser les sujets, n'empêche point de les reprendre sous des aspects modernes qui les rapprochent de nous. C'est ce qu'a fait Descaves en étudiant les jeunes hommes contemporains et sans les dépouiller de leur grâce et de leur séduction, il a substitué l'analyse psychologique à la poésie pure, et son troisième acte, tout frémissant d'humanité, fut littéralement acclamé par la salle. L'œuvre dégage une force, un équilibre, une santé dont l'effet a été d'autant plus intense que, pour un soir, nous échappions à l'atmosphère surchauffée de notre théâtre actuel. »

M. Etienne Rey, dans *Comœdia*, démêle, lui aussi, les raisons pour lesquelles *le Cœur ébloui* a, d'emblée, gagné le public :

« Le grand succès de la pièce de M. Lucien Descaves a une double cause : il est dû d'abord au mérite propre de la pièce ; et il exprime ensuite une réaction très nette du public contre certaines œuvres récentes. M. Descaves nous apporte une pièce qui sent bon la jeunesse, où l'on respire un air léger et pur, rafraîchissante comme la rosée du matin. Et c'est très bien que ce soit un ancien, un « vieux de la vieille », si j'ose dire, qui nous donne cette leçon. J'ai toujours soupçonné M. Descaves, malgré sa brusquerie apparente, ses airs de « grognard » et sa franchise bourrue, d'être un tendre. Il vient de nous le prouver en nous montrant, avec une ardente sincérité, des « cœurs éblouis » d'adolescents... Ce ne seront presque jamais les jeunes gens qui sauront bien parler de la jeunesse... Pour la décrire avec cette délicatesse d'émotion, il y faut les regrets d'un temps qui n'est plus, les regards qu'on jette, en se retournant, sur un passé qui vous échappe, les souvenirs de la

(1) *Oiseaux de passage* (avec Maurice Donnay), le 26 mars 1904 ; *l'Attentat* (avec Alfred Capus), le 14 avril 1906 ; *la Préférée*, le 3 novembre 1906 ; *la Clairière* (avec Maurice Donnay), le 10 avril 1909.

vingtième année, si chers aux environs de la soixantaine. La pièce de M. Descaves pourrait s'intituler : « A » l'ombre des adolescents en fleurs. »

Dans *le Petit Journal*, Pierre Veber s'exprime ainsi :

« J'ai grand plaisir à vous annoncer le grand succès remporté par la pièce de mon ami Lucien Descaves ; c'est une belle comédie simple, puissante, qui dégage une très belle émotion. Ça c'est du théâtre de chez nous ! Et cela ne doit rien aux répertoires étrangers ; et puis, c'est dramatique au premier chef ; enfin, j'ai rarement entendu un dialogue plus direct, plus humain... La Comédie-Française se fût honorée en recevant ces quatre actes, qui sont d'une inspiration très p re, d'une exécution parfaite. L'homme qui a écrit le troisième acte de cette pièce est un grand écrivain dramatique. »

Dans le *Journal des Débats*, M. Henry Bidou émet cette appréciation :

« Un art d'une limpidité merveilleuse avec du style et de la force et surtout je ne sais quel air si profondément humain que chaque réplique est valable pour des milliers d'êtres... Nous n'avions pas entendu de longtemps un son si net et si pur. »

Non moins vifs sont les éloges de M. Edmond Sée, de *l'Œuvre* :

« Ah ! la belle, la noble, la réconfortante soirée ! Elle nous a enchantés, pour plusieurs raisons. D'abord, elle démontre qu'un homme, un écrivain que nous aimons, que nous admirons entre tous n'a jamais été plus en possession de ses moyens, de son talent subtil et vigoureux, de sa vivace et durable jeunesse intellectuelle. Ensuite, le succès éclatant, unanime du *Cœur ébloui* nous prouve que le public accueille avec une allégresse comme vengeresse les œuvres d'un certain ton, d'une certaine classe littéraire, où l'humanité (l'humanité *normale*, naturelle, j'écrirais volontiers : honnête, si je ne craignais de nuire à l'auteur) reprend tous ses droits, s'affirme victorieusement, fait justice d'une autre humanité exceptionnelle, faisandée, morbide celle-là, et qui semblait désormais vouloir régner partout, au théâtre, en souveraine maîtresse. Je suis persuadé que la comédie de M. Descaves inaugure un assainissement de l'art dramatique contemporain, et nous pouvons, nous devons saluer cette première comme une date heureuse et régénératrice. Je n'ai pas peur des grands mots. Aujourd'hui, ce sont les aînés qui donnent la plus belle leçon, marquent la route aux jeunes gens. »

Dans *l'Echo de Paris*, M. Franc-Nohain dit :

« Après tant d'images abjectes et viles que l'on s'est appliqué à nous donner de la jeunesse de maintenant, il y a, dans la pièce de M. Lucien Descaves, une ardeur vraiment jeune, une santé physique et morale, un enthousiasme qui nous rassurent, qui nous consolent et dont nous lui sommes reconnaissants. »

Voici encore, dans *l'Avenir*, l'opinion de M. Nozière :

« M. Lucien Descaves vient de remporter un vif, un éclatant succès au théâtre Daunou. Toute la presse a célébré les mérites, la qualité de sa nouvelle pièce : *le Cœur ébloui*. M. Lucien Descaves avait connu cette unanimité de louanges quand il donna, avec M. Maurice Donnay, *Oiseaux de passage*. Depuis quelques années, il n'écrivait plus pour le théâtre. Il publiait de beaux et solides romans sans se désintéresser de la production dramatique, puisqu'il est le sévère critique de *l'Intransigeant*. Sa comédie rappelle à tous qu'il a le droit d'être sévère. Mais le public peut se demander pourquoi l'auteur hardi du Théâtre Libre, l'auteur de *La Clairière* et d'autres œuvres si justement fêtées, semblait avoir renoncé à composer des pièces. J'imagine qu'il a été tenu en suspicion, comme plusieurs de ses confrères, parce qu'il a le souci de la forme, de la psychologie, parce qu'il est loin de ce modernisme débraillé qui fut à la mode pendant ces dernières années. Il y a aujourd'hui une réaction. Des auteurs, qui étaient ainsi tenus à l'écart par les directeurs, tiennent l'affiche. A son tour, M. Lucien Descaves reprend sa place, triomphe et même fait recette. La recette est un argument irrésistible — et rien n'est plus naturel — pour celui qui est à la tête d'une exploitation théâtrale, c'est-à-dire commerciale. Aujourd'hui, après *le Cœur ébloui*, toutes les scènes sont offertes à M. Lucien Descaves et nous nous en réjouissons très sincèrement. C'est la récompense due au talent probe et pur. Au moment précis où les anormaux intéressent quelques jeunes, un ancien, qui ne fut jamais un timide, nous montre des personnages très sains. Il nous présente quatre actes simples, intelligents, émus. Sa sensibilité fait songer à Dickens et à Alphonse Daudet. C'est une bonne tradition. »

Celle de M. Robert Kemp, dans *la Liberté* :

« Une atmosphère de jeunesse et de sincérité. Des sentiments propres. Un peu de naïveté, même, — qui a paru charmante. Quelques scènes filées délicatement et émues. Des personnages qui croient encore à l'amour ; des gamins qui s'enthousiasment pour autre chose que l'argent ou l'auto, qui ne soupçonnent même pas tout ce que Freud, un de ces jours, va découvrir de sale, et qui ont des mœurs normales... Bref, des personnages sains, transparents, comme il en existe toujours, c'est sûr, mais comme on n'en voit plus guère au théâtre. Un auteur, enfin, qui développe honnêtement son sujet ; qui ne nous pose pas de devinettes ; qui pousse même, par conscience, les choses un peu plus loin que nous n'aurions voulu et nous donne un quatrième acte assez surprenant... Ce sont ces qualités-là, des qualités d'autrefois, et ces petits défauts, tout autant, qui ont fait le succès de la pièce de M. Descaves, devant le public de générale, et qui lui assureront un succès plus grand encore devant le public tout court. »

Celle enfin, puisqu'il faut se borner, de M. Gérard Bauer dans *les Annales* :

« Depuis le soir où j'ai entendu, au théâtre Daunou, la comédie de M. Lucien Descaves, j'ai quitté Paris et j'ai voyagé. Aujourd'hui, où j'en écris, j'ai sous les yeux un vaste horizon : celui d'un lac immobile, contenu par les Alpes déjà blanches. Or, il n'est rien de si périlleux pour une œuvre que de confronter les souvenirs qu'elle provoque à un cadre qui ne l'a pas inspirée et pour lequel elle n'est point faite... On se sent un autre être, une autre direction de l'esprit, et l'on risque d'être injuste. Je me recueille un instant. J'appelle, après huit jours d'éloignement, tous les personnages de la comédie de M. Lucien Descaves. Ils accourent. Je vois leurs jeunes silhouettes, j'écoute leur confession balbutiante, je partage leur éblouissement. Bref, ils ne m'importunent aucunement ni ne sont dépaysés dans cette magnifique solitude. Je pense qu'il n'est pas de meilleur compliment que je puisse faire d'emblée à l'écrivain qui les a animés. »

⁂

Mme Madeleine Carlier joue le rôle de Madeleine avec une délicatesse, une sensibilité et une finesse qui sont un élément considérable de l'accueil fait à la pièce : la dédicace reconnaissante que M. Lucien Descaves lui en a faite atteste d'ailleurs tout ce que l'auteur lui doit. M. Robert Hasti représente très pittoresquement, et, à certains moments, d'une façon émouvante, le vieux bohème Géodésias, tandis que M. Paul Capellani prête son autorité tranchante au personnage moins sympathique du docteur Valory. Quant aux sept ou huit adolescents au « cœur ébloui », ils ont trouvé, en MM. Pierre Brasseur et André Brugère particulièrement, des interprètes parfaits. Ce n'était point, pourtant, une tâche facile que de rendre leur aspect physique et la variété de leurs caractères : la spontanéité juvénile, l'espièglerie, la gravité précoce, la timidité, l'ardeur romantique, la fougue passionnée. Des silhouettes épisodiques ont fait apprécier la justesse de jeu de Mmes Léontine Bouchetal, Delphine Renot, Suzanne Nivette et Laurence Musset.

Robert de Beauplan.

Madeleine. Valory.

Valory : « *Voilà le fruit de vos méthodes d'éducation ! On se moque de vous ouvertement !* »
ACTE III, Scène XI, page 27.

René Arnal. Madeleine.

René : « *Regardez-le au contraire, et puis oubliez-le... C'est le visage d'un de ceux qui ne reviendront pas !...* »
ACTE IV, Scène X, page 34. — *Photographies Gilbert-René.*

Le Directeur-Gérant : RENÉ BASCHET. Imp. de *L'Illustration*, 13, rue Saint-Georges, Paris (9e).

L'art chez soi.

(4e article, 2e série)

Création des Ateliers Gouffé.

SALLE A MANGER " ADAMS "

LA grâce et le confort de cette salle à manger résultent de l'étude des lignes et des proportions qui l'ont amenée à cette perfection.

Ces meubles de style anglais s'inspirent de la période Louis XVI, qui fut une des plus belles époques de notre pays, s'accommodent surtout de pièces symétriques, parfaitement éclairées, de peu d'élévation, dans une décoration rappelant les intérieurs si bien ordonnés des confortables demeures anglaises.

Cet ameublement convient notamment aux appartements ou hôtels particuliers ayant une ou plusieurs pièces de réception en ancien.

Parmi toutes les recherches et tous les efforts vers de nouveaux styles, cette salle à manger est de bon ton, grâce à sa grande simplicité et à l'élégance des bois : citronnier, acajou, etc., auxquels on a coutume de faire appel pour l'établissement des meubles qui la composent.

Suivant les préférences, les panneaux du buffet, de la desserte, les dossiers des chaises peuvent s'orner de filets ou s'enrichir de marqueteries en bois précieux. Le maroquin convient tout particulièrement à la garniture des sièges.

« Succès »

SI vous êtes à la veille de meubler votre maison ou votre appartement, ou si vous avez seulement l'intention d'en transformer une ou plusieurs pièces, demandez notre album L'ART CHEZ SOI *; nous nous ferons un plaisir de vous l'adresser gracieusement.*

" GOUFFÉ ", 46-48-50, Fg-St-Antoine,
PARIS

www.ingramcontent.com/pod-product-compliance
Ingram Content Group UK Ltd.
Pitfield, Milton Keynes, MK11 3LW, UK
UKHW021040180726
13838UKWH00004B/1924

9 782329 368634